Une Semaine

DE RÉVOLUTION

ou

LYON EN 1830.

Une Semaine
DE RÉVOLUTION

ou

LYON EN 1830.

Par M. Mornand,

Membre de la Commission
provisoire administrative de la ville de Lyon.

. . . . . *ubi eram*

LYON

IMPRIMERIE ANDRÉ IDT,

13, RUE ST-DOMINIQUE.

1831.

J'ai promis un récit de ce qui s'est passé à Lyon dans les journées de juillet et d'août 1830. Je tiens parole. Je n'avais pas le projet d'écrire ; mais un autre a parlé. J'ai pensé que sa relation n'était pas propre à donner une juste idée des événements qu'il a entrepris de faire connaître ; et c'est l'espoir consciencieux d'offrir à mes compatriotes un rapport plus exact et plus complet de leur coopération au grand œuvre de notre régénération politique, qui a fait naître en moi le besoin de prendre la plume. Puissé-je ne pas rester au dessous de la tâche que je me suis imposée !

LYON EN 1830.

JEUDI, 29 JUILLET.

La grande semaine de Paris a commencé le 27 Juillet, et la nôtre le surlendemain 29. C'est dire assez que le mouvement lyonnais fut indépendant des événements de Paris.

Ce n'est en effet que le 28 au soir, que le courrier apporta la confirmation des bruits de coups-d'état, répandus dès la veille, et annoncés, disait-on, par une dépêche télégraphique.

La joie de nos absolutistes avait rendu ces nouvelles probables : « Il faut bien, une fois pour toutes, répétaient-ils hautement, en finir avec la révolution. » Leurs visages étaient triomphants; et leurs regards, mystérieux et moqueurs. Des billets avaient été jetés dans les boîtes des journaux constitutionnels, portant ces mots : *Le Pré-*

curseur enfoncé ! le Journal du Commerce enfoncé !

D'un autre côté, les autorités fuyaient les explications ; et lorsqu'on les pressait de dissiper par un démenti public les nouvelles alarmantes qu'on feignait d'attribuer à la malveillance, ces autorités gardaient un silence significatif.

Les libéraux, habitués à se réunir et à s'entendre, comprirent que le moment était venu de faire un grand effort pour secouer le joug qui les opprimait depuis quinze ans. Eux aussi se réjouissaient des nouvelles ordonnances, car elles étaient de nature à soulever l'indignation des plus timides ; et ils ne doutaient pas que la tentative audacieuse du gouvernement de Charles X ne leur donnât pour auxiliaires la masse entière des habitants de Lyon. En établissant dans cette grande cité un premier foyer d'insurrection (ce que la circonstance rendait exécutable), ils avaient la certitude de voir bientôt leur exemple suivi par les villes les plus voisines, telles que St-Etienne, Roanne, Grenoble, Valence, Bourg, Mâcon, Châlons, etc., dans lesquelles ils avaient des correspondants nombreux, dévoués comme eux à la cause de la liberté.

Aussi, dès le 27, un petit nombre de libéraux, sûrs de l'approbation des nombreux amis qu'ils étaient chargés de représenter, et dont ils pouvaient promettre la coopération, se réunirent spontanément, et adressèrent à leurs correspondants des villes environnantes une circulaire courte et énergique. Après quoi, ils se répandirent dans la ville, pour y organiser des moyens de résistance ou d'agression, suivant l'opportunité des circonstances.

Dans la matinée du mercredi 28, tous les patriotes étaient prévenus, et aucun d'eux ne mettait en question la réalité des ordonnances, qui d'ailleurs fut confirmée officiellement le même jour par la Gazette de France et la correspondance particulière du Précurseur.

Dès lors les travaux de la fabrique furent arrêtés, et toutes les commissions du commerce contremandées ; des groupes se formèrent dans les rues et sur les places publiques, et de toutes parts on exhala l'indignation dont tous les cœurs étaient animés. Il était facile de prévoir que la journée du lendemain ne se passerait pas sans quelque grand événement.

En effet, le jour suivant 29, entre six et sept heures du matin, la population, abrégeant les heures accoutumées du repos, était déja réunie en groupes nombreux dans les divers quartiers de la ville ; et l'on s'excitait mutuellement à ne point endurer la violation de nos droits conquis au prix de tant de sacrifices et de sang.

Au palais de la Cour et du Tribunal, les magistrats montèrent vainement sur leurs siéges pour y rendre la justice : ils ne purent y retenir ni plaideurs, ni avoués, ni avocats. A l'appel de la première cause, un de ces derniers, connu par ses opinions monarchiques, mais ne partageant point la frénésie des hommes de son parti, ne craignit pas de déclarer que, « dans les temps de calamité publique, on ne pouvait ni ne devait s'occuper des affaires particulières. »

Les mêmes citoyens qui, le 27, avaient commencé à préparer un plan de résistance, parlèrent publiquement de la nécessité de réorganiser la garde nationale, comme l'unique moyen de maintenir l'ordre et d'assurer le salut de tous.

Plusieurs d'entr'eux s'étaient rendus auprès de M. Couderc, le seul député du Rhône qui fût encore à Lyon : et ce courageux mandataire du peuple n'avait pas hésité à déclarer hautement qu'il regardait les ordonnances comme un acte de trahison de la part du pouvoir ; qu'elles n'empêcheraient pas la Chambre de se réunir au jour fixé, et que, si cette chambre était dispersée par la force, elle protesterait contre la violence, en appelant la nation à défendre ses droits ; qu'il allait partir, et qu'il engageait ses concitoyens à s'organiser pour résister à l'oppression.

Ces paroles circulèrent rapidement dans les

groupes formés aux Terreaux et à la Bourse où les négociants, banquiers, agents de change, courtiers, et une foule de personnes étrangères au commerce, s'étaient rendus long-temps avant l'heure accoutumée. Aucune affaire ne s'y traita, l'on ne s'occupa que de la grande question qui agitait tous les esprits ; et l'on ne se sépara point sans être convenu que l'on se réunirait le soir après l'arrivée du courrier, dans un emplacement assez vaste pour contenir tout le monde.

Le courrier arriva vers trois heures de l'après-midi ; il n'apportait que quelques journaux ministériels ; mais des fragments mutilés des journaux de l'opposition parvinrent sous le couvert des correspondances particulières. Ces journaux étaient du 27 ; ils rendaient compte des agitations de Paris dans la journée du 26 ; ils ne disaient donc rien qui pût faire présager si la lutte du peuple avec l'autorité serait sérieuse et durable, ni de quel côté serait la victoire, si l'on en venait généralement aux mains.

A peine eut-on lu ces feuilles, qu'on sentit le besoin de consulter les dispositions des masses. A quatre heures et demie, la place des Terreaux et les rues adjacentes pouvaient à peine contenir la foule des citoyens. Le bruit se répandit qu'une grande réunion était indiquée pour cinq heures et demie dans la grande allée des

Brotteaux : aussitôt, et de toutes parts, les groupes s'y transportèrent.

En un instant, la grande avenue des Brotteaux, depuis le pont Morand jusqu'à la grande Brasserie, fut couverte d'une foule énorme. Les hommes qui la composaient appartenaient sans exception à cette classe intermédiaire qui a constamment protégé le peuple contre les attaques de l'aristocratie, et l'aristocratie contre les débordements de l'anarchie populaire. C'étaient des négociants, des chefs d'atelier, des banquiers, des médecins, de jeunes commis, etc. Quelques ouvriers apparaissaient de loin en loin, plutôt comme spectateurs que comme parties intéressées.

Mais il était difficile de discuter et de s'entendre sur un espace aussi étendu, à raison surtout de ce que personne n'avait mission de demander le silence, et de convertir la réunion en assemblée délibérante.

Quelques voix proposèrent d'entrer dans le café du Grand-Orient, et aussitôt la foule s'y précipita. En quelques minutes, mille ou douze cents personnes se trouvèrent réunies et pressées dans cet immense local ; les tables furent rapprochées les unes des autres, et entassées de manière à former une sorte d'amphithéâtre : les assistants y montèrent et ne laissèrent libre que le milieu du salon, qui fut occupé par une centaine de citoyens. C'est à ceux-ci que semblait réservé le soin de proposer les grandes mesures commandées par le péril présent, et qu'il suffisait d'indiquer à une population impatiente de les exécuter.

Les abords du salon étaient environnés de la foule immense de ceux qui n'avaient pu pénétrer dans l'intérieur.

Tout à coup, et comme si l'on eût obéi à un commandement, un profond silence s'établit. Ce silence dura quelques minutes; les regards se jetaient alternativement sur les diverses personnes qui occupaient le milieu de l'assemblée, comme pour demander que l'une d'elles prît la parole.

Dans ce moment je fus interpellé par plusieurs de mes amis, qui me pressèrent de donner des explications sur le but de la réunion, et de proposer les mesures que commandait la situation des choses.

Quoique j'eusse été étranger au projet de rendez-vous, je crus devoir répondre à cet appel. J'exposai en peu de mots la trahison dont le gouvernement de Charles X venait de se rendre coupable, et la honte qu'il y aurait pour la France et pour Lyon surtout, à courber la tête sous le joug avilissant d'une poignée d'intrigants, ambitieux et hypocrites. Je parlai du glorieux exemple de résistance à l'oppression donné par les

Lyonnais en 1793, et de l'initiative que quelques journaux annonçaient avoir été prise par les Français de Paris.

En ce moment peut-être, m'écriai-je avec force, se décide ailleurs que chez nous la question de notre liberté ou de notre asservissement. Mais que parlé-je de notre asservissement ! Je jure qu'il est impossible, car on ne soumet pas à l'esclavage des hommes qui veulent être libres, et nous le voulons !

Non ! non ! nous ne serons point asservis ! oui ! nous voulons être libres ! s'écria-t-on de toutes parts ; et l'assemblée témoigna son enthousiasme par des applaudissements prolongés.

Je proposai alors de réorganiser la garde nationale, dont la dissolution avait été un moyen d'oppression, et dont le rétablissement assurerait le retour de la liberté et le maintien de l'ordre.

Cette proposition fut de même accueillie avec transport, et l'on procéda immédiatement à la nomination de douze commissaires qui furent chargés de présenter le lendemain, à la même heure, un plan d'organisation. *

* Ces commissaires nommés par acclamation furent MM. Chèze, Dupasquier, le capitaine Bayard, le capitaine Zindel, Lara, Prévost (le même qui le 21 s'empara de l'Hôtel-de-ville), Maupetit, Raymond, Ladevèze, Teulié et Thierry Brolemann.

Parmi les citoyens présents, figuraient MM. Second et

L'assemblée se sépara aux cris de *vive la liberté ! vive la Charte ! à bas les ministres !*

Ce premier mouvement, auquel prit part l'élite des habitants de Lyon, ne laissa plus de doute sur la possibilité d'ébranler les masses ; et c'est en cela qu'il est digne de fixer l'attention des amis de la liberté.

Il devint, en effet, évident pour ceux qui depuis longues années observaient en silence les dispositions de l'esprit public lyonnais, qu'un soulèvement aurait lieu, indépendamment des tentatives qui pourraient être faites soit à Paris, soit ailleurs, si les hommes investis de la confiance du peuple se décidaient à donner le signal.

Lyon renferme dans son sein une foule de jeunes commis ou chefs d'atelier, tous animés de sentiments patriotiques, et qui, par de fréquents rapports avec la classe ouvrière, exercent sur elle un empire presque absolu. Dans maintes circonstances ces jeunes gens avaient été détournés d'agir par la seule crainte d'encourir la disgrace de leurs chefs : car c'est une disposition très réelle

---

Tabareau (de la commission), qui prirent plusieurs fois la parole, le capitaine Chaley, aujourd'hui commandant de l'artillerie de la garde nationale, Perrin, Desvignes, et une foule d'autres patriotes dont je regrette de ne pouvoir citer les noms.

du cœur humain et particulière à notre époque, que tel qui ferait à son pays le sacrifice de sa vie, n'ose pas risquer sa place ou compromettre les avantages d'une position.

Mais, en voyant les chefs de commerce partager leur indignation, et la manifester hautement, rien ne comprima plus l'élan de ces jeunes patriotes. Aussi la détermination prise aux Brotteaux, de réorganiser la garde nationale, répandit dans toute la ville la confiance et l'espoir.

A peine la réunion des Brotteaux fut-elle terminée, qu'une partie des citoyens qui la composaient en forma une seconde beaucoup moins nombreuse, mais plus hardie et plus disposée à employer les grands moyens. On y proposa d'enlever à la fois pendant la nuit le général commandant la division, le préfet et le premier adjoint de la mairie, remplissant les fonctions de maire. Divers plans d'exécution furent présentés : mais la discussion du projet et le projet lui-même furent ajournés au lendemain à cinq heures du matin. On se borna pour le présent à envoyer des députés dans les différentes villes auxquelles on avait écrit le 27, afin de les instruire du mouvement qui s'organisait à Lyon, et de leur donner le signal d'un mouvement semblable.

II

Ainsi finit à Lyon la journée du 29 juillet 1830 *.

* L'auteur des *Lettres Historiques* sur la révolution de Lyon a mal connu et mal apprécié cette journée. Il place au 28 l'assemblée des Brotteaux qui n'eut lieu que le 29, erreur que du reste il a reconnue depuis.

Mais, en rendant compte des détails de cette réunion, il se borne à dire qu'*elle fut calme ; que des discours sages et énergiques furent prononcés et écoutés en silence*, qu'on agita la question de l'utilité d'organiser la garde nationale ; qu'*on n'arrêta rien* et qu'on s'ajourna au lendemain (p. 5).

M. T. s'est trompé sur tous les points de ce court récit : la réunion ne fut pas calme, elle fut au contraire excessivement agitée ; et si l'on se reporte à la circonstance, on comprendra qu'il ne pouvait pas en être autrement. Les discours prononcés ne furent pas *écoutés en silence*, mais couverts d'acclamations, et accueillis avec l'enthousiasme le plus vif et le plus expressif ; on ne se borna pas *à agiter la question d'utilité de la garde nationale ;* on décida qu'elle serait sur le champ réorganisée, avec ou sans le concours des autorités. C'est donc à tort que M. T. ajoute qu'*on n'arrêta rien*, car on arrêta la seule mesure qui pût assurer la résistance et faciliter un soulèvement. Peu importe que les chefs n'aient été nommés que vingt-quatre heures plus tard ; il n'en résultait pas moins que les citoyens eurent désormais un motif ou un prétexte suffisant pour oser sortir de leurs domiciles en armes et isolément ; ce qui, dans le cas d'une agression violente de la part de l'autorité, est la chose la plus difficile à exécuter pour un mouvement populaire.

Ajoutons que M. T. a tout à fait méconnu le caractère et l'importance de la réunion du 29, qui eut le mérite de s'être formée spontanément, en présence et sous les yeux d'une nombreuse administration encore dans toute sa force, et avant que les esprits eussent été électrisés, comme ils le furent depuis, par l'héroïque exemple des habitants de Paris.

VENDREDI, 30 JUILLET.

Dès cinq heures du matin, une foule nombreuse était de nouveau réunie dans la grande allée des Brotteaux. Ceux qui la veille avaient agité la proposition de s'emparer par la force des principales autorités de la ville, du département et de la division militaire, avaient passé la nuit à prévenir leurs amis, qui de toutes parts étaient accourus au rendez-vous accoutumé. D'un autre côté, une partie des citoyens qui s'étaient trouvés à l'assemblée du Grand-Orient avaient mal à propos compris que la prochaine réunion avait été indiquée pour le 30 à 5 heures du matin, au lieu de 5 heures du soir. Ces deux circonstances concoururent à grossir considérablement le nombre des assistants.

A 5 heures et demie quelqu'un frappe violemment à ma porte. Je pensais avoir à faire à un commissaire de police ; j'ouvre : c'était un député de la nouvelle réunion, qui venait m'inviter à me rendre immédiatement aux Brotteaux. Un cabriolet m'attendait à l'entrée de ma maison ; j'y monte et j'apprends en route qu'il n'est question de rien moins que de faire battre la générale dans la ville, et d'appeler ainsi tous les citoyens aux armes, pendant le temps qu'une troupe de patriotes déterminés s'emparerait successivement et de vive force de tous les fonctionnaires chargés de requérir ou de commander la force publique.

Je tressaillis d'effroi en calculant l'imprudence et le danger de cette entreprise, dans un moment où rien encore n'était préparé pour rendre le succès possible; je tremblais qu'il ne fût trop tard pour réussir à faire changer cette détermination. Heureusement j'arrivai assez à temps. Je fus aussitôt entouré par mes amis qui se trouvaient là en grand nombre. Je voulus descendre de voiture; on s'y opposa, et ce fut debout sur le cabriolet que je représentai à quel point le projet en question était dépourvu de sens et de maturité. Je réussis à faire comprendre aux assistants qu'il fallait se préparer avant d'agir; qu'il y aurait de la démence de leur part à prétendre, désarmés qu'ils étaient, attaquer et soumettre une garnison nombreuse et brave; que ce serait faire couler le sang inutilement, et compromettre la cause que l'on voulait servir. J'engageai la réunion à attendre le travail de la Commission nommée la veille, travail qui serait terminé ce jour-là même.

Mes raisons prévalurent : on convint de s'ajourner jusqu'au soir pour entendre le rapport des commissaires, et on se sépara à l'instant même ; dix minutes après il ne restait plus aux Brotteaux la moindre trace de cette assemblée si impatiente et si tumultueuse.

Cependant ces commissaires dont le travail était l'objet d'une si vive attente, se réunirent à huit heures dans la maison de M. Tissot, qui avait présidé l'assemblée de la veille. Quelques autres citoyens vinrent spontanément leur offrir de les aider à accomplir la mission difficile dont ils étaient chargés. Parmi ces derniers se trouvaient MM. Alexandre (depuis secrétaire de la Commission administrative), Briandas, Dupasquier neveu, Claude Heyraud, Etienne Billon, George et plusieurs autres. J'étais présent, quoique la veille j'eusse cru devoir refuser d'être nommé commissaire.

On délibéra sur les moyens les plus propres à mettre promptement la garde nationale sur pied. Après de vives discussions, dans lesquelles un ou deux membres protestèrent mais fort inutilement, contre l'illégalité des opérations de la Commission, on finit par nommer quatre chefs de bataillon et vingt-quatre capitaines.

Mais cette nomination n'eut pas de suite, parce qu'on n'avait pas eu le temps de faire la division de la ville en quartiers, et d'en assigner un à chaque capitaine.

Une nouvelle réunion fut indiquée pour une heure après midi aux bureaux du Précurseur. M. Tissot, qui l'avait convoquée de son chef, fit connaître aux personnes qui s'y rendirent les premières, qu'il avait invité 75 citoyens des plus notables de la ville à venir prendre part à l'organisation de la garde nationale.

Cette mesure, quelque prudente et rationnelle qu'elle eût pu paraître à une autre époque et dans des circonstances ordinaires, fut regardée comme une faute par ceux qui appréciaient la valeur des minutes et qui sentaient que la moindre entrave apportée aux délibérations pouvait compromettre le succès du mouvement. En révolution, il importe de réduire le plus possible le nombre des parties délibérantes, et de multiplier au contraire et par tous les moyens celui des hommes destinés à agir. C'est ce que l'on commença à comprendre lorsque les hommes convoqués par M. Tissot ramenèrent la discussion aux questions de forme et de légalité. Les hommes énergiques sentaient leur sang bouillonner à cette étrange prétention de vouloir assujettir aux lentes combinaisons d'une opposition systématique, la résistance à un attentat dont le caractère était la violation de toute loi, comme de toute raison et de toute justice.

Dès ce moment, la commission nommée aux

Brotteaux n'exista plus; ses pouvoirs se divisèrent ou plutôt se perdirent entre les nombreux assistants réunis dans le salon du Précurseur.

L'assemblée, présidée par M. l'avocat Duplan, décida que, pour conserver une forme de légalité, il fallait proposer aux autorités de rétablir elles-mêmes la garde nationale, sauf à s'aviser en cas de refus. Tel a été le principe de ces nombreuses députations, qui pendant deux jours se succédèrent soit auprès du préfet, soit auprès du maire et du général.

La première, qui fut nommée à ce moment, se rendit immédiatement chez ces divers fonctionnaires, et vint à quatre heures de l'après-midi faire son rapport à l'assemblée. Elle avait entièrement échoué dans sa demande, et n'avait eu des autorités qu'un accueil improbatif et sévère. On prit le parti de nommer une seconde députation, qui prendrait un langage plus ferme et menaçant au besoin. On la composa de neuf membres qui partirent à l'instant même, et dont on résolut d'attendre le retour, avant de se séparer.

L'absence de ces députés fut longue et inquiétante. La nuit était arrivée, et on les attendait encore. Cependant la masse des assistants était sensiblement diminuée: l'assemblée était presque réduite aux membres de la commission des Brotteaux; et ce petit nombre d'hommes énergiques, appréhendant que la seconde députation n'eût été retenue prisonnière, allaient partir pour protester contre cet acte arbitraire, au nom de tous les habitants de Lyon, lorsqu'enfin les députés qu'ils allaient réclamer revinrent aux bureaux du Précurseur.

On sut que les autorités, visitées individuellement, avaient chacune à leur tour longuement discuté sur la légalité, sur le but, sur les inconvénients de l'organisation de la garde nationale; qu'elles avaient multiplié les objections; et qu'enfin le préfet, sans autrement s'expliquer, et sans aucune promesse positive, avait invité les députés à lui présenter sur ce sujet une communication écrite.

C'était, comme on le voit, bien du temps dépensé sans aucun résultat. Il était évident que les autorités voulaient faire traîner les négociations en longueur, et attendre les événements pour se déterminer, c'est à dire qu'en cas de nouvelles bonnes pour nous et mauvaises pour leur parti elles auraient cédé; et que, dans le cas contraire, elles se seraient concertées pour frapper un grand coup, et tâcher d'étouffer l'insurrection à sa naissance. Voilà l'alternative qu'il fallait prévenir, et pour cela il importait d'agir promptement et énergiquement.

C'est ce que tous les membres de la réunion

ne comprenaient pas également bien; mais les mêmes hommes qui s'étaient réunis le 28, et avaient adressé des circulaires à leurs amis des villes voisines; qui, le 29, avaient postérieurement à la réunion des Brotteaux délibéré de s'emparer des hauts fonctionnaires de la cité; qui dans la matinée du 30 avaient audacieusement résolu d'exécuter ce projet, alors que la population était encore désarmée, et qui enfin avaient le soir du même jour patiemment attendu le retour des députations; ces hommes, accoutumés de longue main à s'entendre et à se confier les uns aux autres, ne se méprirent pas sur les manœuvres des autorités et sur les dangers qui pourraient en résulter.

M. Trolliet dans ses Lettres historiques dit p. 11, *qu'à la nuit on se sépara et qu'on ajourna au lendemain les mesures à prendre*. M. Trolliet * a ignoré ce qui s'est passé hors de sa pré-

---

* M. Trolliet a commis, relativement à la journée du 30, d'autres anachronismes qu'il importe de rectifier. Ainsi il raconte, p. 10, que le voyageur unique arrivé ce jour-là par la malle-poste annonça *que le peuple de Paris était en possession des barrières*. M. Trolliet se trompe; nous ne connaissions pas à ce point le succès des Parisiens. Le voyageur dont M. Trolliet parle est M. Paret, aujourd'hui conseiller de préfecture; cet honorable citoyen se borna à annoncer qu'au moment de son dé-

sence, et c'est à mon avis la partie la plus importante et la plus honorable de la révolution lyonnaise de 1830.

Il est vrai qu'une grande partie des membres de la réunion du Précurseur se retirèrent à la nuit : j'ignore si quelques uns d'entr'eux s'établirent dans la maison Bontoux, s'ils prirent le titre de Commission, et si M. Trolliet fut appelé à les présider, comme ayant présidé les comités électoraux. Ce qui est à ma connaissance, c'est qu'une autre partie de la même assemblée prit la détermination de rester en permanence au Précurseur et d'y passer la nuit. De ce nombre étaient MM. Larat, Perrin, Alexandre, Montmartin, Vincent l'agent de change (qu'il ne faut pas confondre avec ses deux frères, dont l'un appartient au barreau et l'autre au parquet de la Cour de Lyon), Gaspard Dorel, Godard, Dupasquier neveu, Ruffier aîné, Roux, Ricard jeune, Laforest notaire, et plusieurs autres que je regrette de ne pouvoir nommer.

Ces honorables citoyens ne se laissèrent point

---

part on se battait dans les rues de Paris, sans pouvoir dire de quel côté serait la victoire.

Quant à la destruction des armoiries de la voiture, elle ne fut vue à Lyon que le 1er août, à dix heures du matin.

intimider par un arrêté du préfet, affiché dans la journée, qui menaçait de la peine de mort quiconque ferait partie d'un rassemblement armé ; leur zèle ne fut ralenti ni par la réponse des autorités aux députations, ni par l'ajournement de la délibération relative à l'organisation de la garde nationale. Ils pensèrent avec raison qu'il convenait d'agir au lieu de discuter. Ils s'occupèrent en conséquence de la formation des cadres et de la nomination des officiers de cette garde.

L'un des patriotes présents (M. Larat) était en possession d'un travail dès long-temps préparé pour un autre but et dans d'autres espérances qui ne s'étaient pas réalisées. Conformément à ce travail, la ville fut divisée en 24 quartiers, pour chacun desquels on nomma un capitaine, un lieutenant et un sous-lieutenant.

Des circulaires furent rédigées et portées dans la nuit, annonçant à chaque officier sa nomination, la circonscription de sa compagnie, et l'invitation de se rendre le lendemain matin 31, à sept heures, aux bureaux du Précurseur, pour y recevoir les instructions nécessaires.

Pendant ce temps, d'autres citoyens aussi dévoués et non moins actifs s'étaient réunis chez l'un d'entr'eux. Là, moins nombreux et plus expansifs, ils examinèrent la gravité des circonstances et décidèrent à l'unanimité qu'ils prendraient les armes le lendemain à la pointe du jour. Il fut convenu qu'ils avertiraient pendant la nuit ceux de leurs amis sur lesquels ils croyaient pouvoir compter pour un coup de main hardi, et que, quel que fût leur nombre et à quelque quartier qu'ils appartinssent, ils ne formeraient tous ensemble qu'une compagnie, dont M. Zendel fut nommé capitaine. Ils fixèrent le quai de Retz pour le lieu du rendez-vous, appréhendant avec raison que, s'ils se réunissaient aux Brotteaux, les autorités ne fissent occuper les ponts Morand et de la Guillotière, et ne les séparassent ainsi de la ville.

Il importe d'ajouter que pendant cette même nuit arrivèrent diverses députations de Vienne, de Mâcon, de Bourg, d'Annonay, de Villefranche, de Valence, etc. Plusieurs d'entr'elles se rendirent aux bureaux du Précurseur et y furent reçues par les citoyens occupés de la formation des cadres. Quelques députés repartirent à la pointe du jour, emportant la certitude que la garde nationale lyonnaise allait être mise sur pied, et promettant qu'ils feraient suivre partout cet exemple, et qu'au premier signal leurs amis nous enverraient des renforts, s'il en était besoin.

D'autres députés, parmi lesquels on doit citer M. Tondut, avocat à Mâcon, aujourd'hui préfet de l'Ain*, et M. Gros, avocat à Valence, voulurent rester à Lyon pour être témoins du mouvement et pour y prendre part. Ils se sont en effet montrés partout, et n'ont pas peu contribué par leurs discours et leur présence à enflammer le courage du peuple.

* Ce qui était vrai quand l'auteur a écrit ces lignes, ne l'est plus quand nous les publions. Aux époques de transition comme celle où nous vivons, il ne faut pas écrire *aujourd'hui* quand on doit imprimer demain.
(*Note de l'éditeur*).

SAMEDI, 31 JUILLET.

Le samedi 31 juillet fut un jour de triomphe pour la population lyonnaise, comme le 29 en avait été un pour les Parisiens.

A sept heures du matin on vit de toutes parts accourir au Précurseur les officiers de la garde nationale nommés dans la nuit.

Un très petit nombre manquèrent à l'appel ou crurent devoir subordonner leur acceptation à l'approbation du préfet, qui, naturellement, la refusa. Les autres, et c'est la très grande majorité, convinrent du plan qu'ils exécutèrent à l'instant, de réunir leurs compagnies sur les places d'armes respectives, et d'aller ensuite se ranger en bataille sur le quai de Retz.

La compagnie Zendel y était déjà. Dès la pointe du jour, les hommes qui la composaient avaient silencieusement traversé les rues et les places publiques, et munis de leurs armes étaient arrivés au rendez-vous général.

Ce premier mouvement excite la surprise et

enhardit les moins déterminés : à sept heures, le capitaine Zendel compte cent hommes sous ses ordres. Il les divise en sections et leur donne des officiers et sous-officiers provisoires ; à neuf heures, il y avait seize à dix-huit sections de trente hommes chacune, diversement armés, les uns de fusils de munition, les autres de fusils de chasse, ou seulement de sabres. Entre dix et onze heures, le nombre des sections s'élevait à vingt-quatre.

Arrivent ensuite les compagnies placées sous les ordres des officiers nommés la veille. Le capitaine Girerd est le premier à se joindre au noyau principal. MM. Second lieutenant de la compagnie St-Clair, Charles Dépouilly capitaine de celle des Capucins, etc., vinrent aussi se ranger sous le commandement du capitaine Zendel, qui se trouva ainsi, par un accord tacite, le chef supérieur de cet armement improvisé.

D'autre part, les hommes composant la réunion du Précurseur s'étaient assemblés au même lieu, entre huit et neuf heures du matin. Ils s'étaient comme les jours précédents nommé un président, qui ce jour-là fut M. le docteur Terme. *

---

* M. Trolliet qualifie à tort ces différentes réunions de *commissions provisoires*, et c'est aussi à tort qu'il leur assigne des présidents en titre. Les présidents n'étaient

On décida qu'une nouvelle députation se rendrait auprès du préfet, à l'effet de lui faire comprendre combien il devenait urgent dans l'intérêt de l'ordre et de sa propre autorité, non plus d'organiser la garde nationale (il était déja trop tard pour cela), mais d'approuver l'organisation qui venait d'en être faite. Puis on jugea convenable de transférer le siége de la réunion dans un endroit plus central et plus rapproché des autorités et de la garde nationale. Les autorités étaient en permanence à l'Hôtel-de-ville ; la garde nationale stationnait sur le quai de Retz ; on adopta pour quartier général le premier étage du café Minerve, situé rue Puits-Gaillot, c'est à dire qu'on se plaça entre les deux camps opposés.

La nouvelle députation prit cette fois un langage plus ferme. Le préfet, qui n'avait point encore quitté son hôtel, parut ébranlé : il demanda la communication du travail d'organisation, et promit de s'en occuper immédiatement.

D'un autre côté, MM. Menoux et Magneval, tous deux avocats et alors conseillers de préfecture, se portant pour interprètes du barreau de Lyon, vinrent proposer au préfet de former

---

nommés que pour une séance, et le choix de l'assemblée s'arrêta rarement deux fois de suite sur la même personne.

une compagnie spéciale pour le quartier Saint-Jean.

Cette apparence de soumission rendit quelque confiance au préfet. Il voulut procéder lui-même à la nomination des chefs. En conséquence, il adressa d'une part des commissions d'officiers à divers individus, dont un seul osa paraître devant sa compagnie * qui eut l'inexplicable faiblesse de l'agréer, et de l'autre il publia un arrêté portant que tout rassemblement armé serait dispersé par la force militaire, et que les personnes convaincues d'en avoir fait partie seraient passibles des peines énoncées aux articles du code pénal qui prononcent la peine de mort.

Cet arrêté fut affiché dans toute la ville. Le peuple en fit justice en déchirant les placards, et les couvrant d'ordures.

Cependant M. d'Hautreux, commandant de la place, arrivait sur le quai de Retz. Il réunit autour de lui les officiers commandant les compagnies, et leur annonça que le préfet s'occupait de l'organisation de la garde nationale, qu'en attendant cette organisation il leur intimait l'ordre de se retirer.

Ces braves citoyens répondirent que la garde

* Cette compagnie était encore en station sur sa place d'armes, et elle n'avait pas nommé ses officiers.

nationale était constituée et qu'elle se maintiendrait dans le lieu qu'elle occupait en ce moment; que cependant, pour éviter l'effusion du sang, si le préfet consentait à laisser entrer à l'Hôtel-de-ville cinquante hommes de garde pour veiller à la sûreté publique, conjointement avec la troupe de ligne, les diverses compagnies se retireraient sur leurs places d'armes respectives.

Le commandant d'Hautreux répondit qu'il allait faire part de cette demande à l'autorité, et il s'éloigna accompagné de MM. Dupasquier, Dominique Pinoncelly, de Cazenove et quelques autres, qui furent chargés de stipuler les conditions de cet arrangement.

Au même moment, le capitaine Zendel ordonne une patrouille qui passe par la rue Puits-Gaillot, fait le tour de l'Hôtel-de-ville, et revient sur le quai de Retz par la rue Lafont.

Le commandant d'Hautreux, et les députés qui l'avaient accompagné, exposaient alors la proposition des officiers de la garde nationale au général Paultre de Lamothe et au préfet, qui étaient réunis à l'Hôtel-de-ville, ainsi que toutes les autres autorités, et qui s'y faisaient garder par un bataillon du dixième de ligne. La vue et la contenance ferme de la patrouille du capitaine Zendel contribuèrent vraisemblablement autant que le discours des députés, à modifier les dispositions naguère si arrogantes de ces fonctionnaires ; car le préfet consentit à l'admission demandée d'un poste de cinquante gardes nationaux.

Le commandant d'Hautreux, et M. Dupasquier, l'un des députés, rapportèrent ces paroles de paix, et elles furent accueillies aux cris de *vive le commandant!*

Aussitôt chacun des citoyens armés veut faire partie du détachement : le capitaine Zendel, pour ne point faire de jaloux, prend cinq hommes dans chacune des dix premières sections.

Il fallait un chef à ce peloton : le capitaine, sur la demande de tous ses amis, fit choix de M. Prévost, jeune officier de l'ancienne armée, décoré et licencié en 1815. M. Prévost avait été de la réunion du vendredi soir ; il était en ce moment dans les rangs des fusiliers de la garde nationale. M. Larivière est désigné pour son lieutenant, M. Rochon pour son sous-lieutenant, M. Solard pour sergent, et MM. Chenaud, Ladevèze et Naquet pour caporaux.

On s'impatiente, on veut partir ; mais M. Prévost, qui sent toute l'importance de la mission dont il est chargé, s'assure d'abord si tous ses amis sont munis de cartouches.

Pour prévenir tout désappointement et toute imprudence, il passe l'inspection des armes, les fait décharger et recharger devant ses yeux. Puis il échange son fusil de munition contre un fusil de chasse à deux coups, qu'il passe en bandoulière sur son épaule ; on lui donne une épée, et il part avec confiance.

Ces dispositions avaient entraîné quelque perte de temps, et dans l'intervalle les autorités avaient changé de détermination. On eut lieu de croire qu'elles entretenaient de perfides arrière-pensées ; car malgré la parole donnée, elles avaient fait fermer les portes de l'Hôtel-de-ville, et lorsque les gardes nationaux s'y présentèrent, on leur distribua un écrit rappelant la peine de mort portée contre tout rassemblement armé. Le capitaine Prévost en saisit un exemplaire, le parcourt, le froisse dans sa main, et le jette à la figure du distributeur. Cet exemple est suivi par ses amis, aussi peu émus que lui-même des menaces du préfet.

Le peloton, arrivé sur la place des Terreaux, se range en bataille à dix pas et en face de l'Hôtel-de-ville; et le capitaine, l'épée à la main, monte sur le perron et frappe à la porte. On lui répond qu'il faut attendre quelques instants. On paraît se consulter intérieurement, mais on n'ouvre pas. Il frappe de nouveau à coups redoublés. Une voix colère lui dit qu'on ne peut le recevoir que dans une demi-heure. Il était onze heures et demie.

Le capitaine Prévost fait reculer son peloton de vingt pas pour le mettre à l'abri du soleil dont les rayons étaient dans toute leur force.

Midi sonne, on n'ouvre pas : le peloton s'impatiente et murmure. M. Prévost frappe encore et demande à être introduit. Il déclare que cette sommation sera la dernière ; et aussitôt, voyant la résistance, il envoie M. Larivière son lieutenant demander un renfort de cinquante hommes au capitaine Zendel, resté sur le quai de Retz pour surveiller et accélérer l'organisation de sa troupe toujours croissante.

Dans ce moment, un bataillon du quarante-septième, commandé par le lieutenant-colonel Duheu, arriva sur la place et prit position derrière le théâtre provisoire. Le détachement du capitaine Prévost se trouvait ainsi placé au milieu de deux corps ennemis dont la force lui était de dix fois supérieure. L'anxiété des assistants était des plus pénibles. A cet instant, un coup de fusil partit du milieu de la place, et faillit devenir le signal du combat. Mais on reconnut que c'était un accident produit par une mauvaise arme appartenant à un individu étranger au peloton du capitaine Prévost. Le commandant Duheu entend ce coup, et il fait reposer les armes.

Un quart-d'heure après, un autre coup est entendu partant de l'intérieur de l'Hôtel-de-ville.

C'était encore le résultat d'un accident involontaire ; mais l'immense population qui couvrait la place regarda cette explosion comme un commencement d'hostilité, et cependant, chose étrange, personne ne songea à s'éloigner.

Les cinquante hommes demandés arrivent, conduits par le lieutenant Larivière. Ils sont rangés à droite et à gauche du peloton, et tous ensemble forment un vaste carré. Le peuple les entoure et les presse. Des cris d'impatience se font entendre de toutes parts, la place est dépavée, et l'on voit les cailloux aux mains des hommes désarmés qui bordent le carré, et dont les lignes s'étendent jusqu'aux maisons.

Tout à coup l'attention se fixe sur un individu qui sort de l'Hôtel-de-ville et s'avance au milieu de la place. C'était M. Menoux, conseiller de préfecture. Il demande le chef du détachement. Le capitaine Prévost se présente. On les voit s'entretenir pendant quelques minutes ; puis tous deux se font ouvrir un passage en dehors du carré. Les amis de Prévost, craignant qu'il ne soit la victime de quelque perfidie, semblent s'opposer à son départ ; d'autres font mine de vouloir l'accompagner ; il les rassure d'un signe et continue seul sa route. Le bruit se répand aussitôt que les autorités ont demandé une conférence, et l'on en attend le résultat dans une anxiété difficile à décrire.

Le capitaine, précédé de son guide, entre à l'Hôtel-de-ville par la grille de derrière, faisant face au théâtre en construction. Il voit la cour occupée par un bataillon du dixième. Au milieu sont réunis les deux généraux Paultre de Lamothe et Rouget, l'un commandant la division et l'autre le département. A leurs côtés paraissent M. de Brosses, M. de Verna premier adjoint faisant fonctions de maire et plusieurs aides de camp, officiers d'état-major et employés de la mairie.

Eh bien! que voulez-vous? lui demande le préfet d'un ton moitié menaçant, moitié sardonique. — L'exécution de vos promesses, répond le capitaine. — Je n'ai rien promis, on m'a mal entendu; et il entre aussitôt dans des explications de fait et des considérations de politique qu'il termine en disant : *Allez porter mes paroles à vos amis, et dites leur que s'ils ne se séparent pas sur le champ, on va les disperser à coups de fusil.*

Le capitaine Prévost l'avait écouté les bras croisés et sans l'interrompre; mais à ces derniers mots il prend à son tour la parole : *Monsieur*, lui dit-il, *je ne viens point ici pour recevoir vos ordres. Je tiens ma mission de mes amis, et je ne remplirai pas celle dont vous voulez me charger auprès d'eux, parce qu'elle est insultante et que je craindrais que vous n'eussiez trop tôt à vous en repentir. Au surplus, vous venez de me faire connaître vos intentions ; eh bien ! je vais vous instruire des miennes.*

Parlez, parlez sans crainte, reprend le préfet dont la figure se contractait. — *Si j'étais susceptible de crainte*, continue le capitaine Prévost, *je ne serais pas venu seul au milieu de huit cents hommes armés.* — *Je le crois*, dit M. de Brosses, *vous avez servi, vous portez la décoration.* — *Ne faites pas attention à ce qu'il y a sur mon habit, je vous ferai bientôt connaître ce qu'il y a dessous. Je n'ai ni qualité ni mandat pour faire avec vous de la politique. Les moments sont précieux, et je me borne à vous déclarer en mon nom et en celui de mes amis que nous exigeons l'exécution de la promesse que vous nous avez faite, et que, si vous y manquez, nous sommes décidés, dussions-nous périr tous, à vous y contraindre par la force des armes. Je cours annoncer votre refus, vous pouvez vous disposer au combat.*

N'allez pas, s'écrie le préfet effrayé, *dénaturer mes paroles ; vous seriez responsable des conséquences.*

Le capitaine se retire sans répondre ; on lui ouvre le passage, et il est suivi par M. Menoux qui l'accompagne jusqu'au milieu de la rue Lafont, et qui le supplie de ne pas répéter une seule des paroles du préfet. *Je retourne*, dit-il, *auprès de lui, et j'espère encore l'amener à vous recevoir. Je vous demande en grâce une demi-heure de délai. — Je vous l'accorde*, dit le capitaine, *mais songez bien que ce délai sera le dernier.*

M. Prévost, de retour sur la place, est à l'instant entouré et questionné par ses camarades. Il cherche un expédient pour tempérer leur ardeur, et leur dit qu'il y a erreur sur l'heure de l'occupation et que la promesse du préfet n'a été de les recevoir qu'à cinq heures.

Il en était quatre : les murmures devenaient plus vifs et plus nombreux : on commençait à se plaindre du chef, qui rongeait son frein en silence, et quoique partageant intérieurement l'indignation de ses amis, attendait, les yeux fixés sur l'horloge de l'hôtel, la réponse promise par M. Menoux. L'aiguille marque le quart, et M. Menoux ne paraît pas : la demie ! personne ne se présente.

Alors, se retournant vers ses amis, le capitaine leur dit : *On nous trompe ; on s'en repentira. Il est quatre heures et demie*, ajoute-t-il en réglant sa montre, *je retourne à l'Hôtel-de-ville. Si à cinq heures les portes ne sont pas ouvertes, marchez. Je serai prisonnier, mais je veux, par un dernier effort, tenter de prévenir l'effusion du sang.* Il laisse alors le commandement à son lieutenant Larivière, lui donne quelques instructions, et part de nouveau.

Il est cette fois introduit dans la grande salle du conseil, connue sous le nom de salle d'Henri IV. Les généraux, leur état-major, le premier adjoint du maire, le préfet sont autour d'une table qui occupe le milieu de la pièce. Il s'avance, tire sa montre, la pose sur le tapis. *Général*, dit-il, en s'adressant à M. Paultre, *les instants sont précieux, ne les perdons pas en vaines paroles. Lorsque cette aiguille marquera cinq heures, l'assaut commencera.*

Vous voulez donc me faire capituler, s'écrie le général. — *Je suis venu pour cela*, répond le capitaine; *je ne sais qui commande ici, mais j'aperçois tous les hommes du pouvoir; je parle pour le chef.* M. de Verna prend la parole : *Je suis l'homme du roi*, dit-il, *je ne transigerai pas. Nous saurons nous défendre; nous sommes nombreux et la place est forte. Général*, dit le capitaine, *on veut vous inspirer de la confiance, on vous trompe; vous ne pouvez pas tenir un quart-d'heure. Je ne suis pas grand tacticien, mais je ne crains pas de vous dire que vous vous êtes placés dans la position la plus fâcheuse, et qu'avant une demi-heure vous êtes tous perdus.*

Nous avons encore du temps, reprend le général, en signant plusieurs ordres qu'il remet à ses aides de camp. — *Oui, général, vous avez encore sept minutes!*

J'ai autorisé l'organisation de la garde nationale, dit M. de Brosses ; *mais j'ai pris un arrêté pour faire dissoudre par la force tout rassemblement illégal.* — *Vous apprendrez le cas qu'on a fait de votre arrêté*, répond le capitaine. - On lui adresse diverses interpellations menaçantes ; il y répond en présentant sa montre.

Pendant que le capitaine Prévost déployait tant de fermeté, de courage et de présence d'esprit, les affaires se compliquaient au dehors, et prenaient une tournure de plus en plus inquiétante. D'un côté, de nombreux détachements de garde nationale étaient venus grossir la troupe stationnée sur la place des Terreaux ; on avait vu successivement défiler la compagnie de St-Clair et celle des Capucins, commandées par MM. Second et Depouilly. Dans la première on distinguait MM. Victor Arnaud, Cazenove, Adrien Devillas, Brouzet, Bonard, Castellan, etc. La seconde était composée de l'élite des fabricants de Lyon. Le capitaine Zendel était venu lui-même rejoindre ses lieutenants et n'avait laissé sur le quai de Retz qu'une centaine de gardes en observation. Ce dernier point était en outre gardé par une multitude d'hommes armés de diverse manière et non enrégimentés.

Le petit nombre de patriotes qui s'étaient réunis dans la maison du café Minerve s'efforçaient de diriger ces mouvements divers, recevaient les avis, écoutaient les réclamations, donnaient ou transmettaient les ordres, faisaient prévenir les officiers écartés ou absents, et s'appliquaient enfin à donner à l'action de l'unité et de l'ensemble. On y remarquait MM. Dupasquier, Alexandre, Gillibert, Chèze, Mornand, Renaux, Tondut de Mâcon, Gros de Valence.

D'un autre côté, et par suite des mesures ordonnées par le général Paultre, et dont les ordres par lui remis à ses aides de camp en présence du capitaine Prévost tendaient à accélérer l'exécution, un autre bataillon du dixième était venu prendre position sur la place des Terreaux à côté de celui du quarante-septième.

Ce nouveau bataillon était descendu des Capucins par la rue du Griffon, silencieusement et tambours levés, comme pour surprendre les assaillants de l'Hôtel-de-ville. Il débouchait dans la rue Puits-Gaillot, au moment où les compagnies de St-Clair et des Capucins, abandonnant le quai de Retz, défilaient devant l'entrée de la rue du Griffon. Les deux corps armés achevèrent parallèlement leur route.

Arrivés sur la place des Terreaux, le bataillon de ligne joignit le lieutenant-colonel Duheu, et celui de la garde nationale occupa les rues aboutissant à la place et même l'intérieur du théâtre provisoire dont on avait fait ouvrir les portes.

Dans ce moment, les forces de la garde nationale réunies sur la place des Terreaux pouvaient s'élever à douze ou quinze cents hommes, et celles de la ligne, indépendamment du bataillon renfermé dans l'Hôtel-de-ville, à un nombre à peu près égal ; il y avait toutefois une grande différence, tout à l'avantage de ces derniers, dans la supériorité de l'armement et de la discipline ; mais ce qui rétablissait l'égalité entre les deux partis, c'est que les citoyens étaient enflammés d'indignation et de courage, et qu'ils se sentaient soutenus par la masse immense qui les entourait, au lieu que leurs adversaires, officiers et soldats, étaient abattus par la conscience du crime qu'ils allaient commettre en répandant le sang de leurs compatriotes, et par la certitude de ne pouvoir trouver pendant et après le combat ni appui ni retraite.

Cependant la perfidie et le manque de foi des autorités, racontés de proche en proche, répandaient l'exaspération et la fureur au sein de la population amoncelée autour de l'Hôtel-de-ville. On continuait à dépaver la place, et à défaut de sabres ou de fusils chacun pouvait au moins s'armer d'un caillou. Au milieu des clameurs qui remplissaient l'air comme le bruit d'une tempête, on distinguait par intervalle les cris : *à l'Hôtel-de-ville ! à l'Hôtel-de-ville ! enfonçons les portes !*

On était venu rendre compte au café Minerve de la seconde entrée du capitaine Prévost, et de l'ordre par lui laissé au lieutenant Larivière de commencer l'attaque, si à cinq heures précises il n'était pas de retour, ou si les portes de l'hôtel n'étaient pas ouvertes. Il n'y avait personne qui ne fût convaincu que dans quelques minutes le sang commencerait à ruisseler : car si l'on avait des raisons de croire que les deux bataillons de ligne rangés sur la place des Terreaux ne prendraient que peu de part au combat, confondus qu'ils étaient dans la masse du peuple, qui pouvait espérer que les soldats enfermés dans l'Hôtel-de-ville ne feraient pas des décharges sur les assaillants, au moment où l'on enfoncerait les portes ? Et quelles décharges ! pas un coup n'aurait manqué sa victime.

Dans cette perplexité cruelle, je dictai à M. Renaux, qui pendant toute cette journée donna des preuves non équivoques de patriotisme et de dévouement, la lettre suivante adressée au préfet, au nom du peuple assemblé devant l'Hôtel-de-ville :

« Monsieur le préfet, vous avez manqué à vo-
« tre parole d'honneur dans un instant où ce

« manque de foi était un crime. Vous répondrez
« sur votre tête du sang français qui va couler.
« La population lyonnaise ne reconnaît plus vo-
« tre autorité, qui au tort immense d'être deve-
« nue illégale, joint celui plus impardonnable
« encore de s'être parjurée. Songez aux consé-
« quences ; dans quelques minutes il sera trop
« tard. »

M. Renaux, dont l'écriture allait être infailliblement reconnue, puisque deux jours avant il
avait remis au préfet un mémoire entièrement
écrit de sa main, ne craignit pas de faire parvenir lui-même cette lettre : il la fit passer au travers de la grille à l'un des soldats placés dans
l'intérieur de la cour. Cette lettre dut arriver aux
mains du préfet dans le moment où le capitaine
Prévost le sommait si énergiquement de tenir sa
promesse.

A ce même instant, un mouvement extraordinaire se manifesta du côté du quai de Retz ; j'y
courus aussitôt pour en savoir la cause. * M. Renaux me devançait, je le perds momentanément
de vue dans la foule. Je continue à avancer, et

---

* Je raconte ici des faits qui intéressent l'honneur et
l'état d'un brave officier, envers lequel on s'est montré
injuste ; mon récit a d'autant plus de poids que je le fais
comme témoin oculaire et comme partie agissante.

bientôt je me trouve en face d'une immense barricade qui occupait toute la largeur du quai : elle était formée par plusieurs voitures chargées de charbon et par des débris de bateaux qu'on avait transportés là comme par enchantement. Je monte sur l'un des chars, et au premier coup d'œil je comprends toute l'étendue du danger dont nous sommes menacés. A cent pas environ de la barricade, j'aperçois un régiment de chasseurs arrêté en colonne, et sous la barricade même je vois le colonel ayant seulement à ses côtés un cavalier d'ordonnance, se débattant contre un groupe d'hommes armés qui par la vivacité et la brusquerie de leurs mouvements effrayent et font cabrer sa monture, au point d'exposer cet officier à être désarçonné. M. Renaux était au milieu de ce groupe et il s'efforçait vainement d'obtenir du silence et de se faire entendre. Plusieurs fusils étaient dirigés contre la poitrine du colonel, et l'on criait de toutes parts : *Tuons-le ! il faut le tuer !*

J'eus le bonheur d'arriver assez à temps pour prévenir ce malheur qui eût pu devenir le signal d'un carnage affreux. Je parvins plus par mes gestes que par ma voix à fixer l'attention des hommes qui m'entouraient ; et m'adressant au colonel :

« Colonel, m'écriai-je, quelles sont vos inten-

« tions? où voulez-vous aller! — Mes intentions
« sont pacifiques, mais j'ai ordre de passer par
« là, et je demande qu'on me livre passage. —
« Impossible, colonel, vous ne passerez pas,
« dussiez-vous nous fouler tous aux pieds de vos
« chevaux. — Je suis militaire; mon devoir est
« d'obéir au chef qui me commande. — Oui, co-
« lonel, mais vous êtes français et votre devoir
« est d'épargner le sang de vos concitoyens. —
« Mon intention n'est pas de faire couler le sang;
« je n'en ai pas reçu l'ordre; je n'ai que celui de
« me défendre, si je suis attaqué. — Eh bien !
« colonel, vous serez attaqué, n'en doutez pas,
« si vous persistez à vouloir passer; alors vous
« vous défendrez; alors le sang coulera; nous
« périrons peut-être, mais dans un quart-d'heu-
« re vous et votre régiment serez exterminés.
« Je sais que la mort ne vous effraie pas ; vous
« êtes officier français, et vous avez, je le vois,
« appartenu à notre vieille armée; mais, je vous
« en conjure, écoutez la voix de la patrie et de
« l'humanité ; gardez-vous d'exécuter vos or-
« dres sanguinaires; songez qu'ils émanent d'un
« gouvernement sans foi, qui déshonore notre
« patrie, et qui demain sans doute n'existera
« plus. »

Pendant que je parlais, des larmes roulaient
dans les yeux du colonel ; j'étais alors descendu

du char, j'avais saisi sa main, je la serrais avec force. — « Eh bien ! s'écria-t-il, il faut céder ;
« dites à vos amis, dites à vos compatriotes que
« c'est le colonel Verdière qui a empêché dans
« ce jour l'effusion du sang lyonnais. — Colonel,
« quel régiment ? — 14ᵉ de chasseurs à cheval. »
A ces mots je saisis un bouton de son uniforme, et faisant un effort pour l'arracher : « *Voilà*, lui
« dis-je, *quel sera le gage de notre alliance et*
« *de notre souvenir.* »

« Maintenant, reprit le colonel, faites enlever
« ces barricades, et dites-moi ce qu'il faut que
« je fasse. Marchons, finissons-en. — Est-il pos-
« sible, colonel, seriez-vous des nôtres ? — Oui,
« c'en est fait, je marche avec vous. » Et il me répéta l'exhortation qu'il m'avait faite de le rappeler au souvenir des Lyonnais, et de leur bien dire que c'était à lui, colonel Verdière, qu'ils étaient redevables de n'avoir pas vu couler le sang.

Je me retournai alors vers le peuple qui nous avait écoutés presque en silence. « Mes amis, leur
« dis-je, vous l'entendez ; le colonel est de nos
« amis ; il veut marcher avec nous, ôtez les bar-
« ricades et livrez-lui passage. »

— « Non, non, répond-on de toutes parts,
« on vous trompe, ne vous fiez pas à lui, à la
« caserne ! à la caserne ! dites-lui de se retirer,
« ou nous allons le tuer. » Les fusils furent de

nouveau dirigés contre sa poitrine, et je fus obligé de les écarter de mes deux bras.

Par une rencontre bien malheureuse, je n'avais autour de moi que des figures inconnues. Mes amis étaient tous à l'Hôtel-de-ville. Ce qui avait si fort excité la défiance des assistants, c'est qu'au moment où le colonel protestait de ses intentions pacifiques, un enfant de sept à huit ans s'était approché et avait dit en pleurant que le colonel en imposait, parce qu'une heure auparavant il avait vu les chasseurs charger leurs pistolets.

Quoi qu'il en soit, je ne vis d'autre moyen d'obtenir passage pour le colonel et pour son régiment, qu'en allant moi-même chercher à l'Hôtel-de-ville un officier de la garde nationale. J'en prévins le colonel et je partis aussitôt : mais la foule était si grande que je ne pus pénétrer qu'avec peine sur la place de la Comédie. J'y trouvai un officier que je ramenai avec moi.

A mon retour, j'aperçus MM. Gillibert, Chèze et Faye auprès du colonel ; ils ne purent pas plus que moi parvenir à faire enlever les barricades. Alors le colonel descendit de cheval, renvoya son ordonnance, nous embrassa tous, et nous dit : « *Vous le voyez, messieurs, je me confie à vous,* « *je veux passer seul derrière vos barricades.* » Et il suivit ces messieurs qui le conduisirent à l'Hôtel-de-ville, pendant que de mon côté je me dirigeai vers le régiment qui, toujours immobile, s'était pourtant un peu rapproché de son chef, pendant les longs débats qui venaient d'avoir lieu *. Je voulais m'assurer des dispositions de ce corps. Les officiers placés en tête et sur

* J'ai rapporté les détails de cette scène intéressante, parce que j'ai appris que depuis les événements auxquels elle se rattache, le colonel Verdière avait été privé de son commandement.

Je ne connaissais pas, je n'avais jamais vu cet officier avant notre rencontre au pied de la barricade du quai de Retz. Ce fut lui qui m'apprit son nom dans le moment même, et je doute qu'il sache le mien à l'heure qu'il est; je ne l'ai pas revu depuis; j'ignore ses antécédents et s'il avait bien ou mal mérité du gouvernement libéral qui nous régit aujourd'hui; mais j'affirme qu'au 31 juillet sa conduite fut celle d'un courageux officier et d'un citoyen patriote, et pour le prouver il importait d'autant plus de raconter les faits que M. Trolliet paraît les avoir complètement ignorés.

M. Trolliet dit en effet, p. 21 de sa brochure, *que le commandant* (c'est le colonel qu'il fallait dire) *fut séparé de ses soldats par un flot de peuple; qu'on saisit la bride de son cheval et qu'on l'obligea à descendre.* La vérité est que le colonel Verdière se sépara spontanément de son régiment, parce qu'à son approche et du plus loin qu'on avait pu l'apercevoir, on avait improvisé une barricade derrière laquelle le peuple s'était réfugié, en sorte que l'espace qui le séparait de cette barricade était entièrement vide. En laissant son régiment à cent pas derrière lui, et en se présentant seul, le colonel fit tout

deux lignes au nombre de dix ou douze, ne répondirent pas à mes cris de : *Vive le 14ᵉ de chasseurs !* je leur annonçai que nous avions fraternisé avec leur colonel, et ils gardèrent le même silence.

J'arrivai au centre du régiment, et là je trouvai de la sympathie ; on me prit la main en signe de paix et on répondit à mes *vivat* par celui de : *vivent les bourgeois lyonnais !* On put être rassuré sur les intentions de cette partie importante de la garnison, car le plus grand nombre des chasseurs partageaient les sentiments de leur colonel.

Cependant ce dernier arrivait à l'Hôtel-de-ville où la lutte avait pris un caractère effrayant. Aux Terreaux, le lieutenant Larivière ne pouvant plus

à la fois un acte de courage et de prudence qui mérite les plus grands éloges. *On ne l'obligea pas à descendre de cheval ;* il mit pied à terre très volontairement, et se montra digne de notre confiance en nous témoignant la sienne.

Il n'est pas plus exact de dire *qu'il demanda quelque membre de la Commission ;* car il ignorait probablement, comme je l'ai moi-même ignoré jusqu'à la publication de l'ouvrage de M. Trolliet, qu'il y eût alors dans Lyon une Commission quelconque. La Commission ne fut nommée que le lendemain 1ᵉʳ août.

Enfin ce ne furent pas MM. Gillibert et Faye qui d'abord se présentèrent à lui : ces messieurs n'arrivèrent, ainsi que M. Chèze, qu'après que nous eûmes, M. Renaux et moi, fraternisé avec le colonel.

contenir l'ardente indignation de ses camarades qui réclamaient à grands cris leur capitaine, avait pris le parti de faire charger les armes. En un instant la place pouvait être jonchée de cadavres : et cependant MM. de Brosses et Verna continuaient à résister aux intrépides sommations du capitaine Prévost.

Enfin l'heure fatale de cinq venait de sonner. Le brave Prévost pose son épée sur la table du conseil : *Général*, dit-il, *je suis votre prisonnier, mais je ne tarderai pas à être délivré ou vengé !*

Tous les officiers se lèvent et s'agitent..... Un officier du 10ᵉ se présente et annonce qu'on ébranle les grilles, qu'on demande à grands cris le capitaine Prévost. — *Paraissez, je vous en prie*, dit le général, et son visage était inondé d'une sueur qu'on aurait prise pour des larmes. — *Non, général, je ne me montrerai pas ; j'ai promis de ne me représenter à mes amis que pour leur ouvrir les portes de l'hôtel, ou pour aller mourir à leur tête. Voyez maintenant si vous voulez que je sorte. Jusqu'à présent j'ai rempli mon devoir; je ne les empêcherai pas de remplir le leur.*

Un autre officier arrive, et dit qu'on demande à voir la signature du capitaine. — Signez donc, s'écrient à la fois les généraux Paultre et Rouget. — Je vous en supplie, lui dit le commandant d'Hautreux. — Non, je ne signe rien !

Le général lui pousse sous la main du papier et une plume. — Vous voulez que j'écrive : eh bien ! j'y consens. Il prend la plume, et trace ces mots : *Mes amis, tous mes efforts pour obtenir l'exécution de la promesse qu'on nous a faite ont été infructueux. Ainsi.... marchez !* Il présente le papier au général qui lui dit, après l'avoir lu et en le déchirant : *Vous voulez donc que je donne le signal du carnage ! — Ce n'est pas moi, général, c'est vous qui l'avez voulu*, répond le brave Prévost.

Eh quoi ! dit M. de Brosses, *nous capitulerons donc avec une poignée de canaille ! — Vous êtes heureux, monsieur, que cette parole ne soit point entendue au dehors. — Mais enfin, il est juste*, ajoute le préfet, *que nous sachions à qui nous avons affaire. Qui êtes-vous ? Qui sont ceux que vous commandez ? Donnez-moi votre nom et votre domicile.* On présente un papier au capitaine ; il écrit son nom et son domicile ; mais le commandant d'Hautreux, par un sentiment qui l'honore, s'empare du papier et le déchire. — *Je me nomme Prévost*, dit alors le capitaine ; *je suis citoyen français : ce titre est le plus beau de tous. Quant à la canaille que je commande, elle compte dans ses rangs tout ce qu'il y a d'honorable et de distingué dans la ville, si c'est ainsi qu'on doit qualifier le crédit et la richesse.*

— *Cela n'est pas possible*, réplique le préfet, *donnez-moi la preuve de ce que vous avancez, et nous verrons.—Laissez-moi sortir et je vais vous le prouver.* Le capitaine sort en effet ; il rencontre un peloton de la compagnie de St-Clair dans lequel se trouvaient MM. Victor Arnaud, Cazenove, Brouset, etc. Il prie ces messieurs de le suivre et ils sont introduits tous ensemble.

— Comment, vous ici ! dit M. de Brosses en s'adressant à M. Victor Arnaud. — *Oui*, répond celui-ci ; *je suis sous les armes depuis le matin, et j'y resterai tant que l'ordre public réclamera mon secours.—Eh bien! choisissez quelques hommes, donnez-m'en la liste, et nous pourrons vous recevoir.* — *Le choix est tout fait*, dit M. Prévost, *et c'est moi qui m'en suis chargé. Ce sont les cinquante hommes qui m'ont accompagné sur la place.*

Le préfet regardant le capitaine lui dit : *Je vous recevrai avec vingt-cinq hommes.* — *Je vous déclare de nouveau que nous sommes cinquante, et qu'il nous sera plus facile d'écraser l'Hôtel-de-ville, qu'à vous de renvoyer un seul d'entre nous.*

Sur ces entrefaites arrive M. C.... père, qui tout effaré s'approche de son fils, écoute un instant les débats; puis se retournant vers le capitaine Prévost qui veut ses cinquante camarades :

Vous êtes bien exigeant, monsieur; eh bien! nous mourrons tous avec ces messieurs. — Tout comme il vous plaira, reprend le capitaine, et s'adressant de nouveau au préfet : *Vous jouez, monsieur, un jeu périlleux pour vous; je conçois vos projets. Vous cherchez à gagner du temps; vous attendez des nouvelles; mais il faut en finir. Je veux mes cinquante hommes, et je vous rends responsable des conséquences de votre obstination.*

Dans ce moment, de nouvelles acclamations, des bruits de cailloux lancés contre les portes se faisaient entendre. *Promettez-moi donc*, dit précipitamment le préfet, *de maîtriser la foule et de faire rentrer le reste des bourgeois armés. — Je vous promets tout cela. — Allez chercher vos cinquante hommes*, dit enfin le général Paultre.

Aussitôt le brave Prévost se précipite dans la foule, fait ouvrir les grilles qui le séparent de la place de la Comédie, s'arrache des mains de ses amis qui tentent vainement de l'arrêter, et reparaît sur le perron de la place des Terreaux, en criant : *Victoire!* et ce cri est à la fois répété par plus de vingt mille personnes.

Telle fut la fin de la lutte la plus longue, la plus acharnée, la plus féconde en vives émotions, en alternatives pénibles, que la garde nationale ait eu à soutenir de la part des autorités lyonnaises. Vingt fois on se vit au point d'en venir aux mains, et toujours la prudence des chefs ou l'heureux hasard des événements prévinrent l'effusion du sang.

Ce qui distingue cette journée de celles qui l'ont précédée et suivie, c'est d'une part que le parti libéral et celui du gouvernement de Charles X s'y montrèrent pour la première fois face à face et sur un champ de bataille, et de l'autre que le peuple triompha par le seul ascendant de son énergie et de son patriotisme, sans la puissante excitation de l'exemple des Parisiens dont on ignorait entièrement la victoire, laquelle ne fut bien connue à Lyon que quatre ou cinq jours plus tard.

A la manière dont les événements se sont accomplis, on ne peut se dissimuler que les fâcheuses nouvelles reçues secrètement de Paris par les autorités durent singulièrement affaiblir l'énergie de leur résistance et contribuer à leur défaite; mais en même temps on demeura convaincu que si, Paris ayant éprouvé des revers, les autorités eussent cru devoir ordonner l'emploi des baïonnettes et des balles, elles n'en auraient pas moins infailliblement succombé malgré leurs trois ou quatre mille hommes de garnison, et que Lyon serait devenu le refuge et le boulevard de la liberté nationale.

Je pourrais terminer ici ma narration, si je

n'avais à raconter que notre délivrance : car à compter de ce jour, le parti carliste se considéra comme vaincu et n'opposa plus de résistance sérieuse ; mais, même après une victoire, il y a souvent des embûches à éviter, des luttes particlles à prévenir, de beaux dévouements à apprécier, et toujours des moyens d'organisation à mettre en usage et de nouveaux efforts à déployer. Tout cela s'est rencontré à Lyon jusqu'au jour de l'arrivée dans nos murs du haut fonctionnaire nommé par le nouveau gouvernement. Il y a donc convenance et justice à ne point regarder ma tâche comme accomplie.

J'achève le récit des événements de cette journée.

Le capitaine Prévost avait donné parole au préfet de contenir la foule et de faire retirer de la place les bourgeois en armes. Cette stipulation intéressait trop la sûreté de ceux qui l'avaient demandée, pour que le capitaine Prévost n'eût pas à cœur de la mettre à exécution.

A peine les portes de l'Hôtel-de-ville furent-elles ouvertes, qu'il se mit à la tête de son peloton de cinquante hommes, et il y introduisit cette nouvelle garnison.

Le préfet pâle et tremblant n'eut pas plus tôt jeté les yeux sur la foule immense qui se précipitait au devant de lui, qu'il voulut faire refermer les portes : le capitaine s'y opposa.—*Vous voilà débordé*, s'écria le préfet.—Je vais vous prouver le contraire, répondit le capitaine : et soudain mettant son peloton sur un seul rang, il lui fait faire demi-tour et lui ordonne d'avancer vers le théâtre provisoire ; par cette manœuvre, il parvint en moins d'un quart-d'heure à dégager la place aux yeux de la garnison étonnée : il fit escorter les autorités à leur sortie, et elles n'eurent à essuyer que les cris et les huées dont on les accueillit sur leur passage.

Les compagnies qui se trouvaient sur la place des Terreaux se rendirent sur les places d'armes de leurs quartiers respectifs ; elles y restèrent jusqu'à neuf heures du soir, et elles employèrent ce temps à dresser le contrôle des citoyens dont chacune d'elles était composée.

Ainsi finit la journée du 31 juillet 1830, journée honorable pour la garde nationale toute entière, pour un grand nombre de citoyens sans armes, pour quelques officiers de la garnison, notamment pour le colonel Verdière, et surtout pour le capitaine Prévost qui en fut incontestablement le héros.

DIMANCHE, 1ᵉʳ AOUT.

Le courrier de Paris qui devait arriver le samedi avant quatre heures, avait été vainement attendu pendant toute la soirée. Quelques personnes avaient passé la nuit à l'hôtel des postes pour être plus à portée d'apprendre rapidement les nouvelles. Mais le dimanche entre 7 et 8 heures du matin, la place de Bellecour était couverte de citoyens avides de connaître les événements de Paris.

Il était près de dix heures, quand la malle si impatiemment attendue arriva enfin. Elle eut peine à s'ouvrir un passage au travers de la foule. Elle était partie de Paris le 29 à six heures du soir; elle avait donc éprouvé un retard de plus de dix-huit heures.

Une circonstance extraordinaire fixa l'attention du peuple et provoqua de vives acclamations: l'écusson royal n'existait plus, il avait été enlevé à coups de hache; on en concluait que les Parisiens s'étaient rendus maîtres des barrières et qu'ils avaient cessé de reconnaître Charles X pour roi.

Toutefois le courrier n'était porteur que d'un très petit nombre de lettres particulières qui parlaient de combats, de massacres, d'alternatives de revers et de succès, mais qui n'annonçaient rien qui pût faire présager de quel côté se fixerait définitivement la victoire.

Quant aux journaux, ils étaient pareillement peu nombreux et ne rendaient compte que des événements du 28. Mais le paquet adressé au Précurseur renfermait un document de la plus haute importance : c'était un feuillet du Moniteur qui annonçait l'établissement d'un gouvernement provisoire et qui contenait les proclamations énergiques de ce nouveau gouvernement.

Je m'emparai de cette pièce, je montai dans un cabriolet de place, et je me rendis au café Minerve d'abord, puis sur le quai de Retz dans une pièce vacante du rez de chaussée de la maison Bontoux où l'on était convenu de se réunir. Dans ce trajet, je fus plus de vingt fois arrêté par les masses du peuple qui réclamaient avec instance la lecture du Moniteur. Je cédai partout aux demandes qui me furent faites ; et chaque lecture était suivie des cris de : *Vive la France ! Vive la liberté ! Vivent les Parisiens !* Je parcourus ainsi le quai St-Antoine, la place de l'Herberie, la rue St-Côme, la rue St-Pierre et la place des Terreaux. Arrivé là, il me fallut répéter plusieurs fois ma lecture qui produisit un enthousiasme impossible à décrire.

Je trouvai dans la maison Bontoux MM. Alexandre, Trolliet, Tissot, Dupasquier, Tabareau, etc. Les nouvelles que j'apportais les comblèrent de joie et enflammèrent leur courage.

Cependant, en considérant froidement le fond des choses, et en appréciant à leur juste valeur nos succès de la veille, notre situation ne laissait pas d'être encore critique et même dangereuse.

Les nouvelles de Paris prouvaient bien que le peuple résistait courageusement et que même il prenait quelquefois l'offensive ; mais ni les lettres, ni les journaux, ni le Moniteur lui-même ne nous faisaient connaître où étaient le roi et les ministres, ni quelle était l'étendue des forces militaires, et leur moral, et leurs positions, etc.

D'une autre part, en supposant que les Parisiens restassent victorieux, leurs succès ne pouvaient nous être présentement d'aucun secours, et nous étions bien loin encore de nous trouver à leur niveau.

A la vérité, nous occupions l'Hôtel-de-ville, mais non pas exclusivement. Nous n'y avions qu'un poste de cinquante hommes, et l'intérieur des bureaux était encore dirigé par le maire de Charles X, ou plutôt, ce qui était pis, par M. de Verna son premier adjoint, homme en qui le royalisme était un devoir de religion, et qui, tout disposé qu'il fût à se faire le martyr de son parti, n'aurait pas craint pour l'éviter de faire des victimes dans le nôtre.

Le général était encore à la caserne, et y disposait de la garnison; le préfet n'avait pas quitté son hôtel, et continuait à régir le département, sinon son chef-lieu. Eux seuls étaient en correspondance avec Paris, par le courrier, par le télégraphe, par les mille moyens de communication que possède le gouvernement. Ils connaissaient donc le véritable état des choses, et si le parti de Charles X avait un moment le dessus, et s'il transmettait à nos autorités l'ordre de nous attaquer inopinément, qui pouvait douter qu'elles ne l'exécutassent à l'instant même ?

Et qu'avions-nous pour nous défendre ? Une garde nationale courageuse et dévouée, mais dont l'organisation était loin d'être complète. Pouvait-on d'ailleurs la réunir à tout instant ? et une fois réunie, pouvait-on la retenir, quand on n'avait rien à lui faire faire ?

Ces réflexions n'avaient pas échappé à la sagacité des hommes de la réunion du vendredi soir. Aussi étaient-ils déjà venus dans la maison Bontoux renouveler aux citoyens présents la proposition *d'enlever les autorités*. Ils avaient pour organes MM. Vuldy, Perrin et Guigout. Cette proposition fut repoussée, parce que ceux auxquels elle était adressée n'avaient ni mission, ni qualité pour autoriser une telle tentative qui du reste *parut imprudente et dangereuse*.

Cette réponse ne satisfit pas les auteurs du projet d'enlèvement. Puisque vous n'avez pas de mandat, s'écrièrent-ils, il faut en donner un à vous ou à d'autres ; et aussitôt ils proposèrent de profiter de la présence des gardes nationaux sur leurs places d'armes, pour les engager à nommer deux députés par compagnie, qui réunis en assemblée générale choisiraient une commission de vingt-un membres, qui formerait *le gouvernement provisoire de la ville de Lyon*.

Cette ouverture, appuyée d'abord seulement par quelques hommes énergiques qui arrivèrent successivement, obtint bientôt l'assentiment général.

MM. Guigout et Perrin se rendirent aussitôt sur les diverses places d'armes où stationnaient les compagnies de chaque quartier. L'invitation de nommer des députés fut accueillie avec transport, et l'élection fut faite immédiatement.

Les députés nommés ne tardèrent pas d'arriver dans la maison Bontoux : ils étaient au nombre de cinquante, et parmi eux se trouvèrent d'autres citoyens qui avaient été conduits là par zèle et par dévouement et qui, bien qu'ils n'eussent pas reçu de mandat, n'en prirent pas moins part à la délibération.

L'assemblée commença d'abord par se nommer un président : le choix tomba sur M. Trolliet dont la conduite et la fermeté dans cette circonstance méritent les plus grands éloges [*].

---

[*] Voici les noms que j'ai pu me rappeler des personnes présentes :

MM. Alexandre,
Beluze,
Bodin aîné,
Brossette,
Buffeton,
Burdet,
Chaley jeune,
Chèze,
Chibout,
Damour,
Dardel,
Depouilly (Ch.),
Dupasquier,
Faye,
Flacheron,
Flasseur aîné,
Gaillard (Auguste),
Gauthier (Louis),
Geniu (J. B.)
George,
Gillibert,
Girerd,
Godard,

MM. Guichard,
Guigout,
Guiochon,
Jacquemet,
Jacquet (P.),
Ladevèze,
Lafond,
Laforest, notaire,
Larat,
Marion, de Vaize,
Mornand,
Perrin (Ph.),
Pons,
Prévost,
Prunelle,
Second,
Tabareau,
Terme,
Tissot,
Tondut, de Mâcon.
Trolliet,
Victor Arnaud.

M. Tabareau prend ensuite la parole et dans un discours énergique il dépeint : « la crise inquié-
« tante, mais en même temps glorieuse qui agi-
« te la ville de Lyon ; il demande à ses conci-
« toyens un dévouement encore plus grand que
« le courage qu'ils ont déja déployé ; il leur de-
« mande d'accepter la responsabilité de l'or-
« dre, de la paix et de la liberté en constituant,
« séance tenante, une Commission administrative
« pour diriger les opérations de la garde natio-
« nale. »

Cette proposition est accueillie à l'unanimité.

M. Mornand demande aussitôt la parole ; et exposant à son tour la situation extraordinaire où se trouve la ville et la France entière, il en « rap-
« pelle les causes qu'il attribue à l'infâme trahi-
« son du gouvernement de Charles X. Est-ce
« dans l'intérêt de ce gouvernement criminel
« qu'on va tenter de rétablir l'ordre ? n'est-ce pas
« plutôt pour faciliter à nos concitoyens, à nous-
« mêmes les moyens de secouer un joug avilis-
« sant ? Il ne demande pas si telles sont les inten-
« tions et le vœu de l'assemblée ; il ne peut en
« douter en jetant les yeux sur les hommes géné-
« reux qui la composent. Ce qu'il demande, c'est
« qu'avant de nommer les membres de la Com-
« mission, l'assemblée fasse connaître ses senti-
« ments et sa volonté relativement au gouver-

« nement de Charles X ; c'est qu'elle déclare ex-
« pressément que les liens qui soumettaient les
« Français à ce gouvernement oppresseur sont
« brisés ; c'est qu'elle impose à ses délégués l'obli-
« gation de n'avoir avec lui ni rapport, ni com-
« munication. »

Cette proposition est suivie d'un silence de quelques secondes ; elle n'est combattue par personne, mais trois ou quatre membres de l'assemblée quittent leurs places, se dirigent vers la porte et disparaissent.

MM. Prévost, Tabareau, Ladevèze, Perrin, Ch. Dépouilly, Trolliet, Gillibert, Tondut et plusieurs autres s'écrient à la fois qu'ils appuient ma proposition. M. Chaley jeune (aujourd'hui commandant de l'artillerie de la garde nationale) se met en travers de la porte, la ferme, en tire la clef, puis se retournant vers l'assemblée : *Nous avons*, dit-il, *un devoir à remplir ici ; c'est de nommer une Commission administrative. Je déclare que personne ne sortira avant que cette Commission ne soit nommée.*

— « La proposition de M. Mornand, dit M. Perrin, peut paraître audacieuse aux personnes qui n'y ont pas réfléchi : je soutiens moi qu'elle n'est que prudente. N'est-il pas prudent en effet d'ôter à vos ennemis la faculté de vous nuire ? Le plus sûr moyen d'y parvenir est de dépouiller les autorités d'un pouvoir qu'elles ont rendu criminel, pour l'exercer vous-mêmes.

« Craindriez-vous de compromettre votre sûreté? Ce serait vous faire injure que de vous supposer cette crainte; mais si cela était, songez que le fait et le but de votre réunion suffisent en cas de revers pour faire tomber vos têtes. »

Ma proposition est alors mise aux voix, et adoptée à l'unanimité.

M. Tabareau est prié de rédiger un projet d'arrêté; il le trace à la hâte. Voici la substance de son contenu :

« Les capitaines et délégués de la garde natio-
« nale de Lyon,

« Considérant que les ministres signataires des
« ordonnances du 25 juillet se sont placés en de-
« hors de la Charte par le plus odieux attentat
« contre les droits des citoyens.

« Considérant que les autorités civiles et mi-
« litaires de la ville de Lyon ont encouru la
« déchéance par la publication de ces ordonnan-
« ces illégales, et par l'appareil militaire dé-
« ployé contre des citoyens armés pour la légi-
« time défense de leurs libertés.

« Considérant en outre que la déchéance des
« autorités impose aux citoyens l'urgente néces-
« sité de pourvoir par eux-mêmes au maintien
« de l'ordre public et à l'administration de la
« ville.

« En vertu des pouvoirs qui leur sont confé-
« rés par la garde nationale,

« Arrêtent :

« Art. Ier. Les autorités civiles et militaires
« instituées au nom de Charles X sont déchues
« de tout pouvoir.

« Art. 2. Une Commission de vingt-un mem-
« bres nommés à la majorité des voix par les
« délégués réunis de la garde nationale, est ins-
« tituée pour maintenir l'ordre public, adminis-
« trer provisoirement la ville de Lyon, et diri-
« ger toutes les opérations de la garde nationale
« propres à assurer le triomphe de la cause cons-
« titutionnelle.

« Art. 3. La Commission s'installera aujour-
« d'hui même à l'Hôtel-de-ville, à sept heures
« du soir, en présence de la garde nationale qui
« sera à cet effet réunie sur la place des Ter-
« reaux. »

Cet acte important par lequel on répudiait les coupables agents de Charles X et qui reportait le pouvoir municipal à sa source première, la volonté des citoyens, donna lieu à des professions de principes infiniment remarquables et où furent développés les sentiments les plus nobles et les plus patriotiques. La plupart des citoyens dont j'ai déja cité les noms exprimèrent nettement leur détermination de se séparer pour toujours du gouvernement de Charles X , et plus de soixante signatures furent apposées à l'arrêté qui créait la Commission administrative. Il fut convenu que cet acte serait publié le lendemain dans le Précurseur avec les noms des signataires et ceux des membres de la Commission *.

Les membres de cette Commission furent ensuite nommés par acclamation. Quelques noms proposés furent repoussés d'une seule voix, et c'est avec la même unanimité que les vingt-un furent adoptés et proclamés.

L'assemblée se sépara aussitôt. Les chefs et délégués de la garde nationale retournèrent auprès de leurs compagnies qu'ils convoquèrent pour quatre heures sur le quai de Retz, et pour sept sur la place des Terreaux.

Les membres présents de la Commission restèrent seuls dans la maison Bontoux. Un poste de garde fut placé ainsi qu'un planton d'ordonnance à la porte d'entrée.

Il s'en fallait de beaucoup que les vingt-un fussent alors réunis. Quels étaient les présents ? Quels étaient les absents ? Il importe peu qu'on le sache. Les membres présents ont fait leur devoir;

* J'ignore quels obstacles ou quels motifs empêchèrent cette publication. Le lendemain 2 août j'étais en mission, et à mon retour l'arrêté avait disparu, sans que j'aie pu savoir ce qu'il était devenu.

les autres ont été retenus par des raisons qu'il ne nous appartient pas de pénétrer, et qu'il serait injuste d'attribuer à un manque de résolution et de courage. Plusieurs d'entr'eux en effet avaient fait leurs preuves avant le Ier août et ont continué depuis à bien mériter de leurs concitoyens. Quelques uns d'ailleurs étaient absents et purent ignorer la mission qui leur avait été confiée : ce qui fut cause que pendant les premiers jours la Commission fut réduite à un petit nombre de membres. Mais plus tard, lorsque ceux qui n'avaient pas assisté à la délibération furent instruits de l'appel fait à leur patriotisme, ils accoururent ; et c'est ainsi que la Commission se trouva momentanément composée de quatorze membres.

Quoi qu'il en soit, les commissaires présents sentirent l'importance qu'il y avait à prescrire immédiatement des mesures d'ordre et de précaution. Et d'abord, ils eurent à s'occuper de leur installation pour le soir même à l'Hôtel-de-ville. A cet effet on convint de nommer une députation de trois membres qui seraient chargés de notifier officiellement aux autorités dont la déchéance venait d'être prononcée, la nomination de la Commission et la décision par elle prise relativement à l'occupation de l'Hôtel-de-ville. Cette résolution qui n'obtint pas l'assentiment unanime fut à l'instant même exécutée ; MM. Gillibert, Prunelle et Tabareau furent chargés de la mission, et partirent pour s'en acquitter.

Les membres restants songèrent ensuite à enlever aux autorités leurs moyens de communication avec Paris par la voie du télégraphe. L'ordre de s'emparer du télégraphe de St-Just fut donné à la Compagnie de St-Clair dont un membre de la Commission, M. Second, après l'avoir commandée la veille en qualité de lieutenant, avait été, d'une voix unanime, nommé le capitaine.

M. Second transmit cet ordre à M. Favre son lieutenant qui de suite forma un détachement de quarante hommes et en confia le commandement à M. Arlès-Dufour; ce détachement dont faisaient partie MM. Hect. Coubayon, Brouzet cadet, Camille Rey, Castellan aîné, Roux, Philippe Vigne, Second cadet, Morin, Vernes et trente autres citoyens dont les noms me sont échappés, s'acquitta de sa mission avec courage, promptitude et succès. Le télégraphe qu'on s'attendait à trouver gardé par la troupe de ligne fut occupé sans coup férir, et sans donner aux hommes qui en faisaient le service le temps de demander du secours ou de prévenir l'autorité. Un poste y fut laissé avec ordre d'arrêter les signaux, et de veiller à ce que rien ne fût détruit, brisé ou désorganisé. On doit des éloges à tous ceux qui firent partie de ce détachement, et particulièrement à M. Arlès, qui déploya dans cette circonstance la prudence et la fermeté dont il a constamment fait preuve toutes les fois que son dévouement a été mis à contribution.

Pendant que cette mission s'accomplissait, plus de 1,500 hommes de garde nationale se rangeaient en bataille sur le quai de Retz et sous les yeux mêmes de la Commission. Le commandement en avait été déféré au brave Prévost qui ne consentit à l'accepter qu'après le refus du capitaine Zendel, son chef de la veille, dont les forces étaient épuisées et la voix éteinte. Les diverses compagnies étaient placées sous les ordres des capitaines Girerd, Lasserve, Burdet, Belfont, Chibout, Maupetit, Garnier, Second, Genin, Flacheron, Boutet, Girier, Putinier, Jacquemet, Revol, Sirurguet, Duplan du quartier St-Jean, Baudrier, Favre, Parceint, Chaley aîné, Sauzet, etc. La garde nationale de la Guillotière se tenait prête à marcher sous les ordres de MM. George, etc. La ville entière, comme on en peut juger, prenait part à l'insurrection.

Dans ce moment, on vint prévenir la Commission que les prisonniers de St-Joseph se révoltaient, et qu'à moins d'un prompt renfort ils allaient briser les portes de leur prison; l'ordre est transmis au commandant Prévost d'envoyer sur les lieux une force suffisante pour comprimer ce mouvement. Le sergent Lenoir et le caporal Cogniard sont d'abord détachés avec douze hommes; mais une demi-heure est à peine écoulée qu'on revient annoncer à la Commission que la révolte est devenue plus sérieuse, et qu'on a besoin d'un nouveau secours. Le commandant Prévost envoie alors le lieutenant Pras, de la compagnie des Capucins, à la tête de quarante ou cinquante hommes. Je dirai plus tard quelle fut la belle conduite de ces deux détachements.

La Commission était alors préoccupée de l'absence prolongée de ses députés : sept heures allaient sonner, et ils n'étaient pas encore de retour. Déjà la garde nationale s'ébranlait pour se rendre sur la place des Terreaux. Enfin les trois députés arrivent; ils étaient pâles et défaits, tout annonçait quelque événement grave.

Ils racontèrent en effet que s'étant rendus auprès du général Paultre de Lamothe, et lui ayant exposé le but de leur mission, le général avait affecté de recevoir leur communication avec indifférence, et de s'inquiéter peu de la détermination qui venait d'être prise; mais pendant l'entretien qui eut lieu à ce sujet, une circonstance inattendue força le général à reconnaître le pouvoir populaire nouvellement constitué, et à lui rendre une espèce d'hommage. Un de ses aides de camp vint le prévenir qu'il était attendu dans la pièce voisine pour y entendre le rapport d'une affaire urgente. Le général quitte un instant les commissaires. La personne qui demandait à lui parler était le lieutenant Pras qui, comme on l'a vu, avait été chargé de commander le deuxième détachement envoyé par le capitaine Prévost à la prison de St-Joseph. Il venait sommer le général d'ordonner aux soldats de service à St-Joseph de faire feu sur les prisonniers révoltés pour les forcer à rentrer dans le devoir. Ces derniers étaient devenus furieux ; armés d'instruments aigus ressemblant à des pieux ou à des javelots, ils étaient parvenus à arracher les pierres des murailles, et s'en servaient pour assaillir les gardes nationaux qui étaient venus pour les comprimer. Ils s'étaient mis en communication entr'eux en perçant les murs de fondation et en forçant les grilles et les portes intérieures. C'est dans cet état de choses que le lieutenant Pras était venu requérir l'assistance de la troupe de ligne, parce qu'un secours demandé à la garde nationale eût trop tardé à venir. Il déclara nettement au général qu'il n'y avait d'autre moyen d'arrêter l'évasion de ces malfaiteurs que d'ordonner contre eux des décharges de mousqueterie.

Le général tressaillit à l'idée de faire tirer la troupe sur des individus non militaires. Il craignait non sans raison que le peuple ne se méprît sur la cause des décharges qu'il entendrait, et que les prenant pour une agression de la troupe de ligne, cette circonstance ne devînt le signal d'un combat général dans lequel et ses quatre mille hommes de garnison et lui-même seraient infailliblement sacrifiés. Il répondit donc au lieutenant Pras qu'il ne pouvait prendre sur lui de donner l'ordre qui lui était demandé. Celui-ci lui répondit aussitôt que, s'il ne donnait pas cet ordre, *il allait l'arrêter lui-même.* Effrayé de cette menace, le général revient en toute hâte auprès des commissaires, et après leur avoir raconté brièvement ce dont il s'agissait, il ajouta : *Vous seuls, messieurs, pouvez à présent donner des ordres dans la ville de Lyon. La troupe de ligne qui est à St-Joseph est à votre disposition.*

Les commissaires quittèrent alors le général et se rendirent à la prison où l'effervescence des révoltés avait passé toutes les bornes. Ces malheureux avaient espéré pouvoir se donner la liberté à la faveur des troubles qu'ils supposaient exister dans la ville. Comme je l'ai déjà dit, ils étaient parvenus à se réunir sur un seul point au nombre de 120 à 150, en perçant une muraille très épaisse et en brisant les clôtures intérieures. La plupart s'étaient enivrés avec des liqueurs fortes qui leur avaient été procurées on ne sait par qui. Ils avaient mis en fuite les guichetiers et porte-clefs, et menaçaient de mettre le feu au bâtiment. Les gardes nationaux et un bataillon du 10ᵉ agissant de concert avaient essayé d'aborder ces forcenés. Ils s'emparèrent même de celui qui paraissait le meneur de l'affaire ; mais ils furent obligés de se retirer aussitôt, pour ne pas engager un combat à mort contre des criminels et des forçats condamnés pour la plupart à des peines infamantes. Les gardes nationaux voulurent se placer sur un mur de refent qui dominait la cour : une grêle de pierres les obligea à se retirer de nouveau ; un d'entr'eux fut atteint et blessé assez grièvement.

C'est dans ce moment que les commissaires arrivèrent à la prison : ils firent faire aussitôt les sommations préalables, et ce dernier avertissement ne produisant aucun effet, ils donnèrent l'ordre de faire feu. Cependant avant d'en venir à ce moyen extrême et cruel, le brave et digne lieutenant Bompart, qui commandait le détachement du 10ᵉ, veut tenter un dernier effort de persuasion..... Il s'élance au milieu de ces misérables et les conjure de rentrer dans le devoir ; il leur représente qu'il y va de leur vie. Générosité inutile ! Il est entouré, saisi, désarmé, et ce n'est qu'avec la plus grande peine, et en s'exposant aux plus grands dangers, qu'on parvient à l'arracher des mains de ces furieux *.

* J'ai rapporté cette dernière circonstance, dans l'in-

Enfin après plus de trois heures de remontrances et d'hésitation, le feu est commencé. Ce fut la garde nationale qui tira la première avec les cartouches que lui fournirent les soldats de la ligne; ceux-ci tirèrent ensuite. Les diverses décharges donnèrent la mort à trois malheureux : dix furent blessés ; les autres rentrèrent immédiatement dans l'ordre.

Cette sanglante exécution produisit sur l'esprit des commissaires qui s'étaient vus forcés de l'ordonner, une impression profonde de tristesse et peut-être de découragement dont leurs discours, leurs déterminations et leurs actes se ressentirent. Il est certain que malgré eux, et vraisemblablement à leur insçu, ils perdirent beaucoup de cette résolution et de cette assurance dont ils étaient animés à leur départ.

Ils avaient encore à voir, pour achever leur mission, le préfet et le maire. Les protestations de ces deux fonctionnaires; leurs objections contre l'occupation de l'Hôtel-de-ville par la Commission, la considération habilement présentée de la responsabilité qui allait peser sur elle par

térêt du lieutenant Bompart qui, m'a-t-on dit, a été depuis rayé des contrôles de l'armée, et mis à la demisolde. Cet officier méritait une autre récompense de son dévouement.

rapport aux archives publiques et aux actes de l'état civil dont, en l'absence des officiers municipaux, le cours serait brusquement interrompu, trouvèrent les députés sans réponse et les convainquirent même que l'occupation de l'Hôtel-de-ville était une mesure injuste et dangereuse autant qu'illégale.

Il est impossible d'expliquer autrement le découragement profond qui se remarqua dans le rapport que les députés vinrent faire à la Commission, ainsi que les conclusions méticuleuses dont ils le firent suivre. Ils proposèrent en effet d'ajourner l'occupation de l'Hôtel-de-ville, et de maintenir jusqu'à nouvel ordre le siége de la Commission dans la maison Bontoux !...

Mais l'engagement pris quelques heures auparavant, vis à vis des députés de la garde nationale ! mais la convocation de cette garde et sa réunion présente sur la place des Terreaux pour procéder à l'installation de la Commission dans l'Hôtel-de-ville ! mais les graves inconvénients de cette mesure rétrograde, la déconsidération qui en résulterait pour la Commission, le découragement qu'elle produirait dans la population, l'excitation et la joie qu'en ressentiraient les autorités ! Le danger de les voir par un coup d'audace nous enlever tous les avantages obtenus la veille et ce jour-là même par le courage de la garde nationale !... Voilà ce qu'un membre présent opposa vainement à la proposition des trois députés. Ses efforts furent impuissants, la majorité décida.

Restait à savoir, et c'était là le difficile, comment on s'y prendrait pour prévenir cette brave garde nationale de la révocation de la mesure arrêtée le matin même : lui donnerait-on des explications ? ou se bornerait-on à transmettre un contr'ordre à son commandant ?

Il fut convenu que les membres présents de la Commission se rendraient en corps sur le perron de l'Hôtel-de-ville; qu'ils réuniraient autour d'eux les officiers, et qu'en leur annonçant la détermination par eux prise d'ajourner leur installation, ils s'efforceraient de leur en faire approuver les motifs. M. Prunelle fut chargé de porter la parole.

Il était plus de huit heures, quand les membres de la Commission montèrent les degrés de l'Hôtel-de-ville. Ils avaient devant eux près de deux mille hommes de garde nationale; et autour de cette garde une immense population se pressait. Sur l'invitation qui leur est transmise, les officiers quittent leurs compagnies, et viennent se ranger en ligne sur les marches inférieures du perron. M. Prunelle essaie de faire connaître les raisons qui portent la Commission à différer

son installation. Ses explications paraissent obscures; on les comprend mal, et une espèce de murmure commençait à couvrir sa voix, lorsqu'un autre membre de la Commission a l'heureuse idée de rattacher l'ajournement de l'installation à la crainte de fournir à des fonctionnaires présumés coupables de malversations un moyen d'éviter la vindicte des lois et la restitution des sommes qu'ils ont pu détourner. « Nous ne leur
« donnerons pas, disait l'orateur de la Commis-
« sion, le prétexte de dire qu'on s'est violem-
« ment emparé de leurs registres et de leurs
« pièces de comptabilité, et qu'ainsi on les a mis
« dans l'impossibilité de justifier les actes de leur
« administration. C'est dans cet espoir que ces
« fonctionnaires, à tant de titres suspectés d'in-
« fidélité, attendent dans leurs bureaux qu'une
« apparence de force les oblige d'en sortir. Ils
« sont sans crainte pour leurs personnes, car ils
« connaissent votre générosité; ils refusent de se
« retirer ; ils attendent qu'on les chasse. Nous
« pouvons les chasser en effet, car nous sommes
« maîtres de tout et partout grâce aux efforts de
« votre courage ; nous n'avons pas même à lut-
« ter contre la brave garnison qui partage avec
« vous la garde de cet hôtel, car les Français
« qui la composent sympathisent avec vous de
« patriotisme et d'amour de la liberté. Cepen-

« dant, nous n'arracherons pas de leurs bureaux
« ces indignes agents d'un gouvernement félon
« et lâchement tyrannique; nous ne permettrons
« pas même qu'ils puissent prétendre qu'on les
« en a arrachés. Qu'ils restent dans cet hôtel,
« mais sans autorité, avec leurs registres, leurs
« titres mensongers et leur responsabilité si pe-
« sante! Quant à nous que vous avez honorés de
« votre confiance, nous qui par vous et pour
« vous avons la toute-puissance d'anéantir les
« ennemis de vos droits et de votre liberté,
« nous retournons à l'humble demeure où nous
« avons reçu notre mandat, certains que, quel
« que soit le lieu de notre retraite, nous aurons
« toujours les moyens d'exécuter les mesures que
« nous dicteront notre patriotisme et notre ar-
« dent désir de sauver nos libertés. »

Ce discours parut subtil à quelques uns, mais il satisfit le plus grand nombre; les murmures cessèrent : la garde nationale se sépara aux cris de : *Vive la liberté!*

Toutefois le commandant Prévost établit des postes de surveillance et de sûreté sur toutes les places d'armes et s'assura personnellement de la ponctuelle exécution de cette mesure.

Peu après, le capitaine Verdellet vint avertir le commandant Prévost qu'un convoi de huit caisses de fusils sortait furtivement de Lyon par le pont de la Guillotière. Le commandant lui donna *spontanément et de son chef* l'ordre de s'en emparer. Le capitaine Verdellet l'exécuta et garda deux de ces caisses pour servir à l'armement de la garde nationale de la Guillotière.

Quant à la Commission, elle retourna dans la maison Bontoux où elle passa la nuit à délibérer sur les mesures ultérieures qu'il convenait de prendre.

Et d'abord elle sentit le besoin de donner un chef militaire à la garde nationale. Sur l'indication de M. Tondut de Mâcon, la Commission * fit choix d'un général de l'ancienne armée, illustré par les plus beaux faits d'armes, et d'un patriotisme éprouvé. M. Mornand fut désigné par ses collègues pour aller, au nom de tous, proposer le commandement au lieutenant-général Verdier, qui vivait retiré à Mâcon dans un modeste asile. M. Tondut, qu'une honorable amitié liait depuis plusieurs années à ce vétéran de la gloire française, fut prié de partager cette mission avec M. Mornand. Tous deux durent partir en poste dans la nuit, afin que dès le lendemain la garde

---

* Les membres qui prirent part à cette nomination furent MM. Chèze, Dépouilly, Second, Dardel, Tabareau, Faye et Mornand.

citoyenne de Lyon pût recevoir les ordres de son nouveau chef.

Tels furent, dans la journée du dimanche 1er août, les progrès de la cause nationale à Lyon et les actes conservateurs de l'ordre.

Il est superflu de signaler les citoyens qui se distinguèrent dans cette journée, soit en dehors, soit dans le sein de la Commission. J'ai cité les faits, tous les faits, et le lecteur est à même de rendre justice à qui de droit *.

Parmi ceux que le cadre de ma narration ne m'a pas permis de mentionner, il convient de citer honorablement M. le docteur Terme, qui relevant à peine de maladie, et bien qu'il en ressentît encore de violentes atteintes, persista à rester jusqu'au soir dans le sein de la Commission.

M. le docteur Prunelle montra de l'énergie et de la résolution, en donnant l'ordre de tirer sur les prisonniers de St-Joseph : il est à regretter

---

* M. Dardel avait concouru la veille à la prise de l'Hôtel-de-ville en qualité de simple fusilier, et il était arrivé des premiers en armes sur le quai de Retz. Nommé membre de la Commission le 1er août, il crut devoir continuer à paraître dans sa compagnie, et y faire son service, ce qui ne l'empêcha pas de prendre part à tous les actes de la Commission.

que l'impression profonde qu'il en ressentit l'ait déterminé à quitter la Commission, immédiatement après la réunion de la garde nationale sur la place des Terreaux. Ses collègues ont prouvé qu'ils n'avaient pas défavorablement jugé cette retraite, en le nommant plus tard maire provisoire de la ville de Lyon.

Enfin une mention particulière est due à M. Trolliet pour la fermeté et le sang-froid qu'il déploya dans la présidence de l'assemblée qui nomma la Commission.

Mais M. Trolliet s'est fait illusion quand il a pensé que cette présidence lui avait été continuée par la Commission pendant les trois premiers jours. Certes, il en était bien digne ; et si l'on eût jugé une présidence nécessaire, il est à croire que bon nombre de ses collègues lui eussent accordé leurs suffrages ; mais il est de fait que ni lui, ni personne n'a *présidé l'assemblée pendant les trois premiers jours*. Je relève cette inadvertance de M. Trolliet sans hésitation et sans crainte de le blesser ; d'abord parce qu'aucune considération ne doit m'empêcher de dire la vérité, et ensuite parce que j'ai la certitude que M. Trolliet n'attache aucune importance à ces distinctions qui peuvent avoir du prix dans une séance académique, mais qui ne signifient absolument rien dans une réunion politique, destinée à agir plutôt qu'à délibérer, et où chaque membre prenant sur lui seul la responsabilité de ses actes en les signant, en l'absence ou sans le concours de ses collègues, est par cela même l'égal et non l'inférieur ou le supérieur de chacun d'eux.

LUNDI, 2 AOUT.

N'ayant été ni acteur, ni témoin des événements de cette journée, à cause de la mission dont j'avais été chargé la veille, j'ai peu de choses à ajouter au récit qu'en a fait M. Trolliet, pag. 28, 29, 30, 31, 32, 33 et 34 de sa brochure. *

---

* Je crois devoir transcrire ce récit pour la satisfaction de ceux de mes lecteurs qui n'auraient pas eu dans leurs mains la relation de M. Trolliet.

« Le préfet, qui avait reçu de St-Cloud, disait-on, l'ordre de résister, fit arborer deux drapeaux blancs à la porte de la Préfecture. Aussitôt le peuple se rassemble; il s'indigne, crie et se met en mouvement pour envahir l'hôtel. M. de Brosses allait payer son imprudence, lorsqu'un détachement de garde nationale accourt, arrête le flot populaire, fait enlever les drapeaux, et protége l'hôtel où se cachait l'obstiné serviteur du ministère Polignac.

« Le bruit se répand dans la ville que le général fait partir ses troupes par diverses portes, et isolément, pour les réunir à d'autres troupes dans le Midi, et y organiser une armée, une nouvelle Vendée. C'est la nouvelle du jour, que partout on répète.

« La commission envoie des détachements de la garde nationale à toutes les barrières, avec ordre de pré-

Je crois devoir pourtant rappeler deux circons-

senter d'abord la baïonnette, puis d'arrêter les soldats en les embrassant aux cris de *Vive la garnison !* Déja on avait fraternisé avec les soldats, et on connaissait leurs dispositions.

« Plusieurs officiers furent arrêtés et conduits à la Commission par la garde nationale, toujours avec beaucoup d'égards.

« Le colonel de la gendarmerie est aussi arrêté et conduit à la Commission. Il assure qu'il ne part point. « Nous voulons vous garder parce que nous vous aimons, » lui dit un membre. « Et moi aussi je vous aime, répondit-il : je veux rester avec vous ; » et on l'accompagne. Les gendarmes avaient en effet manifesté les mêmes dispositions favorables que les militaires de la garnison.

« Un officier, arrêté avec un porte-manteau, affirme qu'il n'est point de la garnison ; qu'il va rejoindre son régiment à Vienne. On lui remet son porte-manteau ; il réclame un paquet contenu dans un mouchoir ; on le cherche, il est perdu ; on l'engage à estimer la valeur du paquet ; il la porte à vingt francs, qui lui sont à l'instant remis par un membre de la Commission.

« Une voiture chargée est amenée. Ce sont des caisses de poignards ; nous les avons vus ! s'écrie-t-on. L'une des caisses est déclouée : une hallebarde est le premier objet que l'on saisit et que l'on montre aux regards des spectateurs étonnés. On continue : au lieu d'armes, on ne trouve que des vases antiques et divers objets du moyen âge, envoyés de Toulouse à M. Richard, peintre. La voiture est de suite renvoyée.

« Le fils de M. Brosses se présente à la Commission sous de légers prétextes, plutôt pour satisfaire sa cu-

tances qui n'ont pas trouvé place dans la relation

riosité. Le bruit et l'activité qu'il voit régner paraissent l'étonner, il entend que l'on demande de nouvelles armes pour la garde nationale.

« Une dépêche télégraphique, saisie par un détachement, est annoncée. On veut savoir ce qu'elle contient; elle est décachetée : la dépêche télégraphique est signée Maréchal Gérard, commissaire au département de la guerre. Il reproche au général Paultre de Lamothe de ne pas avoir répondu à une dépêche expédiée depuis deux jours, et le rend responsable de tout le sang qui sera versé par sa faute.

« Accompagné de MM. Dépouilly, Tissot et Billet, je fus chargé de la porter au général. Il était à la caserne de la Charité, entouré de son état-major. Général, lui dis-je, la garde nationale a intercepté une dépêche télégraphique qui vous était adressée; la Commission en a pris connaissance : je la remets entre vos mains comme un gage de paix.

« Il la lit, fait un signe d'étonnement et de soumission, et annonce qu'il délibérera avec son état-major et l'autorité civile ; puis, il ajoute : Vous savez qu'il m'a été impossible de répondre, puisque vous avez intercepté le télégraphe.— Cela est vrai.—Je désirerais que vous m'en donnassiez une attestation. L'attestation est donnée aussitôt.

« Le colonel du 47e régiment entre fort agité, et dit : Général, le peuple se porte en foule à l'arsenal ; les portes vont être enfoncées, les armes enlevées, et l'arsenal va être dévalisé ; il n'y a aucun moyen de l'arrêter. Le général alors se tourne vers moi, et dit en croisant les bras : Vous le voyez, vous avez cru votre garde nationale forte ; elle est débordée par le peuple.

de M. Trolliet. La première que M. Trolliet a

— Soyez tranquille, répondis-je, tout sera bientôt apaisé. — M. Dépouilly dit : Général, je m'en charge. Il sort, prend un détachement de garde nationale, se présente : à sa vue, le peuple s'arrête, et bientôt la foule se dissipe.

« Ce qu'un général de division ne peut faire avec toutes ses troupes, un simple citoyen le fait aisément, il conserve à l'Etat l'arsenal et toutes les armes qu'il contient.

« Le colonel du 10° se plaignit qu'on avait enlevé à ses soldats cinquante fusils qui avaient été distribués à son régiment. Il en demanda une décharge, que je lui donnai. Il parut satisfait.

« Toujours à la caserne, j'annonçai au Général qu'un bruit fâcheux circulait et agitait la population.— On dit que vous avez donné à vos troupes l'ordre de quitter la ville par petits détachements, d'une manière isolée. Je vous préviens que vos troupes ne sortiront pas : toutes les barrières sont occupées par la garde nationale, aidée de la population.

« Je n'ai point donné cet ordre, mais je me dispose à le donner, parce qu'on m'a assuré que vous avez ordonné d'arborer le drapeau tricolore ; vous sentez que, dans ma position, je ne puis rester dans une ville où flotte ce drapeau. — L'ordre d'arborer le drapeau tricolore n'est point donné ; mais s'il arrive de Paris, ce drapeau sera arboré ; promettez-moi, général, que vos troupes ne partiront pas cette nuit. — Puisque cela est ainsi, je vous donne ma parole d'honneur que les troupes ne partiront pas cette nuit.—Je reçois votre parole : je sais que vous n'êtes pas homme à y manquer. Bientôt l'agitation va cesser.

vraisemblablement ignorée, c'est que le lundi 2 août à cinq heures du matin un ordre signé Tabareau, Chèze, Gillibert et Dardel, tous quatre de la Commission, enjoignit au jeune Ladevèze, commandant d'un fort détachement de garde nationale, de prendre possession de l'arsenal; les instructions portaient que, dans le cas où la troupe de ligne persisterait à s'y maintenir, il devait l'occuper momentanément avec elle.

Le jeune Ladevèze que j'aurais dû citer partout où j'ai eu à raconter des traits de dévouement, de courage et d'audace, s'acquitta de cette mission avec fermeté et prudence. C'est l'exécution de cette mesure qui causa un si grand effroi au général Paultre de Lamothe. Et ce qui prouve que M. Trolliet a ignoré qu'elle avait été ordonnée par ses collègues, c'est qu'il dit, page 32, que ce fut le colonel du 47ᵉ qui vint lui en donner connaissance, en annonçant au général au-

« Le soir, la Commission s'installa à l'Hôtel-de-ville, dans un humble appartement qui servait de corps-de-garde.

« Une diligence de Paris arrive portant un drapeau tricolore, qui est à l'instant promené dans quelques rues par la multitude.

« On annonce l'arrivée du général Verdier, amené de sa retraite près de Mâcon par M. Mornand, membre de la Commission. On lui confie le commandement de la garde nationale. »

près duquel il se trouvait alors en députation avec MM. Dépouilly, Tissot et Billiet, *que le peuple se portait en foule à l'arsenal, que les portes allaient être enfoncées, les armes enlevées et l'arsenal dévalisé.*

Il est vrai que M. Dépouilly rassura le général en se rendant à l'arsenal avec un détachement de garde nationale, et qu'il dispersa sans peine par sa présence le peuple qui avait confiance en lui, et qui ne faisait d'ailleurs qu'assister à l'expédition du jeune Ladevèze. Il convient d'ajouter toutefois que la garde nationale resta en possession de l'arsenal, et que cette occupation rassura la ville de Lyon sur l'abus que les ennemis de la liberté auraient pu faire des armes de guerre qui jusque là étaient restées dans leurs mains.

La seconde circonstance que le silence de M. Trolliet me met dans le cas de rappeler, est la proclamation qui ce jour-là fut publiée par la Commission. Il était naturel et nécessaire que la commission se mît en rapport avec la population lyonnaise. Mais on a reproché aux rédacteurs de cette proclamation de n'avoir pas *osé* la signer. C'est là une supposition injurieuse qu'un membre de la Commission *alors absent* est plus qu'un autre en position de repousser. Par quel singulier calcul de faiblesse, les mêmes hommes qui, quelques heures auparavant, avaient signé l'ordre à la garde nationale de s'emparer de l'arsenal de la ville, auraient-ils pu craindre de mettre leurs noms au bas d'un écrit adressé au peuple de Lyon? Etait-ce pour rester ignorés? mais ils venaient de se faire connaître non seulement de la garde nationale, mais des agents mêmes de Charles X, par l'ordre qu'ils avaient remis au jeune Ladevèze, et par plus de deux cents autres qu'ils signèrent dans la même journée, et qui restèrent déposés dans les mains d'une foule de fonctionnaires civils et militaires!

Serait-ce qu'une signature les compromettait plus à leurs yeux, apposée à la suite d'une proclamation, qu'au bas des actes qui constituaient et constataient l'exercice du pouvoir dont ils s'étaient laissé investir?

Ce qui empêcha les membres de la Commission de signer leur proclamation, c'est qu'ils étaient peu nombreux : leur véritable crainte a été que les noms des présents ne révélassent ceux des absents, et que le peuple ne s'en alarmât. Quoi qu'il en soit, ils eurent tort de ne pas se faire connaître : tous l'ont reconnu depuis ; mais il faut au moins leur rendre cette justice que leurs motifs ont été honorables et dégagés de toute considération personnelle.

Il n'est pas indifférent d'ajouter à l'appui de ces réflexions que le 2 août le brave Prévost avait été appelé à faire partie de la Commission : et qui pourrait croire que lui aussi eût cédé à la crainte de se compromettre par une signature ?

Je dois maintenant un compte rapide de ma mission auprès du général Verdier. Désigné la veille à onze heures et demie du soir pour aller lui offrir le commandement de la garde nationale, je passai la nuit à chercher une voiture de poste. Je ne pus m'en procurer une qu'à cinq heures du matin, et je partis incontinent avec mon digne ami, M. Tondut.

Arrivés à Mâcon, nous trouvâmes la ville dans le plus grand mouvement. La circulaire du 28 y était parvenue. M. Tondut avait d'ailleurs tenu ses amis au courant de ce qui se passait à Lyon. On avait en conséquence et à notre exemple organisé une garde nationale qui déja avait arboré la cocarde tricolore. Les autorités locales étaient encore debout; mais on attendait avec la plus vive impatience le retour de mon compagnon de voyage, pour aviser aux moyens de secouer leur joug.

Notre apparition redoubla l'ardeur et l'enthousiasme des patriotes. Nous fûmes entourés, pressés, questionnés. Nos réponses provoquèrent les cris de : *Vive la liberté! vivent les Parisiens! vivent les Lyonnais!*

Dans la même journée une réunion fut convoquée à l'Hôtel-de-ville. Il y fut décidé que les autorités seraient immédiatement destituées de leurs fonctions, et l'on nomma un conseil municipal dont M. Tondut fut élu président. Après quoi l'on se rendit à l'hôtel de la préfecture. M. de Puymaigre, préfet du département, avait déja quitté son poste. Les conseillers avaient cru devoir se réunir; M. Tondut leur ordonna de se séparer, ce qu'ils firent à l'instant même. Il se transporta ensuite, accompagné de deux membres du nouveau conseil municipal, à la caserne de la garnison où un bataillon était tenu renfermé depuis trois jours, et privé de toute communication extérieure. M. Tondut somma les officiers d'arborer la cocarde tricolore. Ceux-ci demandèrent du temps pour délibérer. On put craindre un instant que cette force d'un bataillon, puissante dans une petite ville, n'opposât de la résistance et n'étouffât le mouvement à sa naissance. Il en fut autrement. Quelques heures après, des députés du corps des officiers vinrent apporter leur soumission à l'hôtel de la préfecture. Ainsi s'opéra dans l'espace d'une demi-journée la complète délivrance de la ville de Mâcon. Dans cette occasion se distinguèrent particuliérement MM. Tondut, Lapalut, Garnier, Dure, et une foule d'autres citoyens dont les noms me sont malheureusement échappés.

Pendant que ce mouvement s'accomplissait, j'avais repris la route de Lyon, et le digne général que j'avais mission d'y amener était à mes côtés. Celui que Napoléon avait surnommé *le brave des braves*, le champion toujours décidé de la gloire française; qui avait combattu à Jemmapes et à Fleurus ; qui avait vaincu aux deux campagnes d'Italie, à celle d'Egypte, en Espagne, en Allemagne, en Russie ; qui en 1814 commandait en chef le second corps de l'armée d'Italie, et en 1815 la huitième division militaire ; ce vétéran criblé de blessures reçues aux champs d'honneur, que le chef de l'empire avait fait comte, sénateur, grand-cordon de la légion-d'honneur, qu'il avait enrichi de nombreuses et riches dotations, vivait alors humblement à Mâcon avec une retraite de six mille francs, après avoir eu cent cinquante mille francs de rente! Il n'avait pas hésité un instant à courir une nouvelle carrière de fatigues et de danger. Après que M. Tondut m'eut accrédité auprès de lui, il m'avait demandé une heure pour se préparer, et avant l'heure écoulée il m'attendait pour partir.

Nous arrivâmes à sept heures du soir aux portes de Vaize. Notre brave garde nationale était alors maîtresse de tous les postes. Il fallut nous nommer partout et trahir l'incognito du général ; des acclamations nombreuses et prolongées nous accompagnèrent jusqu'à l'hôtel du Nord.

MARDI, 3 AOUT.

C'est dans la matinée de ce jour que parvinrent à la Commission les énergiques proclamations du gouvernement provisoire de Paris. Cet énorme paquet de dépêches nous fut remis sans adresse de la part du directeur des postes de Lyon. Il en demanda un récépissé que je lui délivrai. Le paquet contenait un grand nombre d'exemplaires imprimés des différents actes et déclarations du nouveau gouvernement. La déchéance de Charles X y était prononcée, le duc d'Orléans proclamé lieutenant-général du royaume, et les trois couleurs déclarées nationales. La joie brillait dans tous les yeux ; on se félicitait, on s'embrassait ; l'enthousiasme était à son comble.

Au brave général Verdier était réservé l'honneur de secouer *la poussière de ce beau drapeau* si long-temps regretté.

La garde nationale et une partie de la troupe de ligne assistaient à l'inauguration. Tous portaient la cocarde tricolore. Une musique militaire se fit entendre. Le vieux guerrier, placé au balcon de l'Hôtel-de-ville et entouré de plusieurs officiers et des membres de la Commission, prononça d'une voix forte et animée une allocution pleine de vivacité et de sentiments patriotiques. Le discours fut couvert des plus vives acclamations et suivi d'une salve de vingt-un coups de canon. Dans le même temps, un ordre du jour signé du général Verdier s'affichait sur les murs de la ville, annonçant sa prise de possession du commandement de la garde nationale. De son côté, la Commission publia une proclamation par laquelle elle annonçait au peuple de Lyon la victoire des Parisiens et l'exhortait à continuer de faire chérir la liberté par la modération.

La Commission employa le reste de la journée à répondre aux demandes d'armes qui lui furent faites par les officiers des diverses compagnies de la garde nationale; plus de deux cents mandats furent délivrés sur l'intendant de l'Arsenal.

Dans la soirée du même jour, M. de Verna fit parvenir à la Commission sa démission de premier adjoint de la mairie faisant fonctions de maire. Elle était motivée sur ce que, disait-il, une troupe d'hommes égarés s'étaient, *sans ordre et sans mission*, emparés par la force de l'Hôtel-de-ville et avaient usurpé les pouvoirs des fonctionnaires nommés par Charles X, le souverain légitime des Français.

On doit rendre à M. de Verna cette justice qu'à la différence des autres agents de l'autorité ses collègues, il sut allier la franchise à l'énergie de la résistance. Attaché consciencieusement aux principes et aux chefs du gouvernement qui succombait, il s'efforça de le défendre avec tout le zèle et le dévouement d'un homme d'honneur, et sans l'arrière-pensée d'obtenir le pardon ou la faveur du gouvernement qui allait succéder. Une pareille conduite et de tels sentiments sont trop rares de la part des hommes de la congrégation, pour ne pas mériter l'approbation de ceux mêmes qui les ont combattus. Il serait à désirer que le petit nombre des partisans de Charles X eussent imité l'exemple de M. de Verna : sans que notre triomphe en eût été retardé, nous pourrions savoir à n'en pas douter quels sont nos amis et nos ennemis, et il serait permis d'accorder quelque estime à ces derniers. Mais comment les reconnaître aujourd'hui, parés de nos couleurs et mêlés dans nos rangs où ils s'efforcent d'introduire la défiance, le découragement et le désordre ?

A onze heures du soir, mes collègues harassés de fatigue se retirèrent de l'Hôtel-de-ville pour aller prendre un peu de repos. Comme j'avais été le seul membre de la Commission qui n'eût pas été de garde la nuit précédente, je fus en revanche seul chargé de passer la nuit du 3 au 4.

Entre une et deux heures du matin, un jeune homme me fut amené soutenu par plusieurs gardes nationaux. Il avait un bras en écharpe et son habit était tout couvert de petites taches de sang. Je le reconnus pour avoir été toute la journée de planton à la porte de la pièce où se tenait la Commission. Je sus qu'en passant le pont au Change il avait été accosté par deux hommes dont l'un, en levant le bras en l'air comme pour le frapper, avait fait briller quelque chose à ses yeux. Le jeune homme, par un mouvement instinctif, porta la main droite à la poignée de son sabre, et ce mouvement lui sauva la vie, car dans ce moment il se sentit percer le bras par un instrument tranchant. Il poussa un cri, et les assassins s'enfuirent. Le stylet avait traversé la partie intérieure du bras et tranché une artère. Une patrouille de garde nationale ayant entendu des cris était accourue et avait donné les premiers secours au blessé dont le sang jaillissait avec impétuosité. Il fut conduit chez un chirurgien qui opéra aussitôt la ligature de l'artère ; après quoi il se rendit à l'Hôtel-de-ville. Je dressai procès-verbal de cette tentative d'assassinat. Il était évident que les auteurs du crime avaient désiré atteindre une autre victime, et que le coup était destiné à l'un des membres de la Commission.

Quoi qu'il en soit, la Commission comprit le lendemain le danger qu'il y aurait pour le parti vaincu à ce qu'on donnât de la publicité à cet événement. Le jeune homme était le neveu de M. Gillibert, l'un de nos collègues. On attribua sa blessure à une autre cause, et le public n'eut pas connaissance de la véritable.

MERCREDI, 4 AOUT.

Dans le courant de cette journée, le parti national se renforça au point que, quand le soir arriva, ses adversaires carlistes, congréganistes, absolutistes avaient entièrement disparu. Ils se montrent aujourd'hui ; ils n'auraient pas osé le faire alors. Ce résultat ne s'obtint pas toutefois sans quelques nouveaux efforts, qu'il importe de faire connaître.

C'était beaucoup que d'avoir appris le merveilleux et immortel succès de nos frères de Paris. Nous avions une garde nationale nombreuse et dévouée. Elle était commandée par un chef illustre et digne de sa confiance. La population de Lyon, toutes les populations environnantes appuyaient de leurs vœux et étaient disposées à seconder de leurs efforts l'heureux mouvement auquel nous allions devoir notre délivrance.

Malgré tout, on n'était point exempt d'inquiétudes graves. Les Parisiens étaient vainqueurs, mais on ignorait ce qu'étaient devenus Charles X et ses ministres et sa garde. Ne pouvaient-ils pas reprendre l'offensive ? la chance des combats ne pouvait-elle pas leur être passagèrement favorable ? Dans ce cas, des ordres ne pouvaient-ils pas être rapidement transmis au préfet et au général qu'on avait eu la bonhomie de laisser libres dans leurs hôtels avec leurs entourages d'employés, d'aides de camp, d'officiers d'état-major, etc. ? et si l'on eût prescrit à ceux-ci de reprendre aussi l'offensive ! A la vérité, la garnison n'était point hostile, mais on pouvait l'engager malgré elle dans quelqu'une de ces combinaisons qui font que l'on se bat quelquefois malgré soi, sans savoir pourquoi, ni contre qui.

D'ailleurs on pouvait emmener cette garnison et la rendre à son insçu l'auxiliaire des satellites vaincus du roi détrôné. Les officiers étaient inquiets et redoutaient un ordre de départ. Ils craignaient également d'avoir à agir contre le peuple ou à désobéir à celui qu'ils croyaient devoir encore considérer comme leur chef. Ils venaient supplier les membres de la Commission d'éloigner le général Paultre, soit qu'on lui donnât un successeur, soit qu'on lui ôtât simplement le commandement.

Au milieu de tout cela, il y avait dans la Commission des hommes qui ne partageaient pas la sécurité générale et qui aspiraient à mettre le mouvement lyonnais à l'abri d'une tentative inopinée. Ils sentaient l'importance, non seulement de n'avoir plus à craindre la garnison, mais encore de s'assurer son concours dans tous les cas possibles. Pour y parvenir, il fallait remplacer le général Paultre par un chef dont le nom fût assez influent et le patriotisme assez sûr pour imposer l'obéissance à la garnison et inspirer de la confiance au peuple.

C'est par suite de ces réflexions qu'un membre de la Commission proposa à ses collègues de destituer immédiatement le général Paultre et de nommer pour le remplacer ou le général Verdier, ou le général Lapoype (retiré dans une campagne voisine), ou le général Poinsot, ou tout autre dont on serait sûr.

Mais telle était la masse et la diversité des occupations dont la Commission était surchargée qu'il était rare que trois de ses membres se trouvassent à la fois réunis à l'Hôtel-de-ville. J'ai déja dit qu'aucun président n'avait été nommé, de sorte qu'il était presque impossible de mettre aucune question en délibération.

Cependant le membre dont il s'agit avait communiqué son projet à chacun de ses collègues individuellement et s'était assuré que le principal obstacle qui s'opposât à son adoption était la difficulté d'en faire l'objet d'une délibération régulière. Dans cet état de choses, les heures s'écoulaient, et les membres de la Commission n'arrivaient pas.

Les officiers de la garnison renouvelaient leurs instances. Ceux de la garde nationale se sentaient humiliés d'être encore en présence des anciennes autorités.

D'un autre côté, le général Verdier écrivait pour se plaindre de ce qu'une invitation par lui adressée au général Paultre dans le but d'obtenir l'armement d'une compagnie n'avait tiré de lui qu'une réponse évasive.

C'est alors que l'auteur du projet de destitution crut devoir prendre sur lui de le mettre sur le champ à exécution, sans même consulter de nouveau ses collègues. Il adressa donc, sous sa responsabilité personnelle, au général Verdier l'ordre de s'emparer du commandement provisoire de la 19ᵉ division militaire, en remplacement du général Paultre de Lamothe, révoqué. Cet ordre fut signé *M...*, *seul membre présent de la Commission*.

Le général Verdier envoya aussitôt un de ses aides de camp au général Paultre pour lui communiquer l'ordre qu'il venait lui-même de recevoir, et lui signifier d'avoir à lui remettre immédiatement le commandement.

Dans ce moment, trois membres de la Commission étaient auprès du général Paultre, et s'efforçaient de le décider à donner sa démission. Il y avait consenti à condition que le général Rouget, commandant du département, le remplacerait ; mais ce dernier ayant refusé, le général Paultre s'obstinait à garder son titre de commandant divisionnaire. Tout à coup l'aide de camp du général Verdier arrive et remet la lettre dont il est porteur. Le général Paultre se retourne vers les commissaires et les accuse de duplicité : *Vous me demandez*, s'écrie-t-il, *une démission, au moment où vous venez de signer ma destitution*. Ceux-ci se récrient à leur tour, ils affirment qu'ils n'ont rien signé ; ils supposent que la destitution est l'ouvrage de leurs collègues fatigués des trop longues tergiversations du général. *Le sort en est jeté*, dit-il alors, *il faut se soumettre :* et incontinent, sans sortir de l'hôtel, les commissaires rédigèrent une dépêche télégraphique par laquelle ils annoncèrent au ministre de la guerre la destitution ou démission du général Paultre de Lamothe, du commandement de la 19e division militaire, et son remplacement par le lieutenant-général Verdier.

Au retour des trois commissaires à l'Hôtel-de-ville, tout fut expliqué. Ceux-ci déclarèrent que la lettre du général Verdier *leur avait tiré une forte épine du pied*. Toutefois, ils crurent devoir *censurer* le signataire de la destitution, pour avoir pris cette mesure sans la participation de ses collègues. Ce fut alors que, pour prévenir le retour de décisions prises isolément et capables d'engager la Commission toute entière, on jugea convenable de nommer un président et deux vice-présidents. Le président élu fut M. Gillibert: les deux vice-présidents furent MM. Terme et Trolliet.

Le même jour, M. de Brosses donna pareillement sa démission de préfet du Rhône.

D'un autre côté, une compagnie d'artillerie avait été organisée par le capitaine Chaley, et une de garde à cheval le fut par M. Camille Rey.

C'est donc avec raison qu'il a été dit que la journée du 4 août assura le triomphe complet du mouvement national à Lyon.

Mais ce qui mit le comble à la joie des patriotes, ce qui leur inspira une confiance profonde en la fortune du pays, ce fut l'arrivée dans nos murs du général Bachelu, qui avait été nommé officiellement commandant de la 19e division militaire. Jamais choix n'obtint et ne mérita mieux l'approbation générale. Il se rendit près de la Commission et y fut reçu avec un enthousiasme difficile à décrire. Il sut que le général Verdier était à Lyon; qu'il y commandait la garde nationale ; qu'il venait d'être chargé du commandement de la 19ᵉ division militaire : et il courut embrasser ce vieux compagnon d'armes. Tout fut bientôt réglé entr'eux; et le général Bachelu était déja en possession de son commandement, quand le lendemain une dépêche télégraphique vint confirmer le choix du général Verdier et lui ordonner de garder le commandement jusqu'à l'arrivée du général Bachelu qui avait été antérieurement nommé, mais que l'on ne croyait pas encore à son poste.

5, 6 et 7 AOUT.

Je n'ai plus de lutte à retracer. Rien désormais ne s'oppose au développement pacifique de nos libertés ; et la révolution s'accomplit d'elle-même par la puissante influence de son but et de ses premiers résultats.

Jusque là, le sang n'a coulé nulle part; les vaincus ont été protégés; l'outrage même ne les a pas atteints ; il faut qu'il en soit de même jusqu'au bout.

Le général Paultre demande des passeports pour partir avec sa famille dans la nuit du 4 au 5. Le général Bachelu lui en délivre et lui offre une escorte. Il refuse l'escorte et désire que ses passeports soient visés par les membres de la Commission. Un de ces derniers, M. Dardel s'offre à l'accompagner. Ils traversent ensemble des groupes irrités. La vue d'un membre de la Commission apaise leur colère, et ouvre leurs rangs à l'homme qui deux jours auparavant menaçait de les faire fusiller.

Le général Bachelu était arrivé à Lyon avec *de pleins pouvoirs*; il pouvait au besoin s'emparer des caisses publiques, destituer les fonctionnaires civils et administratifs, leur donner des successeurs. Il trouve l'ordre établi et n'a d'autre ambition que de le maintenir. Il offre la mairie au président de la Commission : celui-ci refuse parce qu'un engagement a été pris entre tous ceux qui la composent de n'accepter aucune place *tant qu'ils seront revêtus du titre de commissaires*. Le général Bachelu comprend la délicatesse d'un tel refus : il se borne à demander que la Commission désigne un maire et des adjoints. On nomme M. Prunelle qui accepte, parce qu'il ne fait plus partie de la Commission.

M. Paulze d'Yvoy, nommé préfet du département, arrive à Lyon. Son titre de gendre de l'honorable général Lapoype, si chéri des Lyonnais, procure à M. Paulze une réception bienveillante, que ses talents et son caractère ont bientôt justifiée.

La proclamation du nouveau préfet aux habitants de Lyon contient des éloges pour le patriotisme et le zèle des membres de la Commission.

La Commission elle-même se démet de ses pouvoirs et fait ses adieux aux Lyonnais dans une proclamation rédigée par MM. Terme, Tabareau et Mornand.

———

Ma tâche est achevée ; il me reste pourtant un devoir à remplir : c'est de payer au nom de mes compatriotes un tribut de reconnaissance à plusieurs honorables citoyens dont il a été impossible de mentionner les services et la noble conduite dans le cours de cette narration.

En première ligne on doit placer M. Morin, rédacteur du Précurseur : il est difficile de pousser plus loin que ne l'a fait cet habile et généreux écrivain, la résolution, le désintéressement, l'abnégation de soi-même. Bien qu'il fût sous le poids de deux condamnations judiciaires, et en instance devant la Cour pour une troisième accusation, il ne craignit pas dès le 28 juillet de stigmatiser les ordonnances du 25, dans les termes les plus propres à inspirer à ses concitoyens l'exécration de leurs auteurs, et à provoquer la résistance dont elles furent suivies.

Instruit que le procureur du roi avait exprimé l'intention de le faire arrêter, il proposa à ses amis de profiter de cette occasion pour exciter le peuple à une révolte devenue nécessaire.

Le préfet lui avait fait offrir une autorisation pour continuer la publication de son journal, espérant que cette condescendance adoucirait la véhémence de ses articles. M. Morin refusa cette autorisation et déclara que son journal paraîtrait en vertu de la loi seule, aussi long-temps qu'il aurait des ouvriers pour l'imprimer, et un asile pour le soustraire aux recherches de la police.

A tout événement, il s'assura de la coopération d'un grand nombre de copistes, pour faire circuler des articles à la main.

Le domicile du sieur Brunet, son imprimeur, ayant été mis en surveillance, et entouré d'agents qui avaient ordre de n'y laisser pénétrer personne, M. Morin n'en réussit pas moins à faire imprimer ses numéros et à les répandre dans la ville. Voyant que soit le préfet, soit le procureur du roi ne prenaient aucune nouvelle mesure de répression, il leur adressa à chacun un exemplaire de sa feuille, et défia ainsi l'emploi des moyens de violence, parce qu'il comptait sur la violence pour exciter ses concitoyens à faire éclater par des actes l'indignation dont ils étaient pénétrés.

Telle a été enfin la conduite noble et patriotique de M. Morin, qu'il n'est pas un Lyonnais ami de son pays qui ne crût son honneur intéressé à lui assurer une récompense populaire, si le gouvernement ne prenait à cet égard une honorable initiative.

Le zèle de nos compatriotes ne se borna pas à assurer le succès du mouvement dans Lyon même : ils s'occupèrent aussi des moyens de faciliter la délivrance des villes voisines. Ainsi M. Rochon, ayant appris que l'élan des habitants de St-Etienne était comprimé par la crainte de compromettre leur maire, M. Royer (qui bien différent de ses collègues des autres villes de France avait toujours manifesté des principes libéraux), conçut et exécuta le projet de révolutionner la ville par un mouvement d'enthousiasme. Accompagné de quelques amis, il prit une voiture de poste, et y plaça un drapeau tricolore, qu'il déploya en arrivant à St-Etienne aux cris de : *Vive la liberté ! Vive le gouvernement provisoire ! A bas Charles X !*

Cette vue et ces cris produisirent l'effet d'une étincelle électrique ; et quelques minutes après les couleurs nationales flottaient sur tous les édifices publics, et aux fenêtres des principales maisons de cette industrieuse cité.

La même tentative eut lieu et réussit de la même manière dans la petite ville de St-Chamond.

L'anecdote suivante sert à témoigner de la réprobation générale avec laquelle furent accueillies dans le département du Rhône les ordonnances liberticides.

A peine furent-elles parvenues à la préfecture, que M. de Brosses en adressa des ampliations à tous les maires des communes de l'arrondissement en leur enjoignant de lui en accuser réception. Le maire de la petite commune de Chevinay (M. Blanc St-Bonnet, connu cependant naguère par son attachement au gouvernement de la restauration, mais que le ministère Polignac avait entièrement désaffectionné) répondit à cet ordre en annonçant au préfet que d'audacieux faussaires avaient insolemment abusé de son nom, de ceux des ministres et de celui du roi, en osant lui adresser de prétendues ordonnances destructives de toutes les libertés, et au bas desquelles étaient figurées les signatures de ces fonctionnaires et du monarque lui-même : *De telles manœuvres*, écrivait le maire de Chevinay, *ne peuvent être que l'ouvrage des plus implacables ennemis du gouvernement ; car elles tendent à lui ravir la confiance et l'amour des Français. Je vous en préviens*, ajoutait-il, *M. le préfet, pour que vous avisiez aux moyens de faire saisir les coupables et de les livrer à la vindicte des lois.*

A quel degré d'avilissement et de mépris ne faut-il pas qu'un gouvernement soit descendu, pour être en butte à de telles dérisions de la part de ses propres fonctionnaires ?

Parmi les Lyonnais qui ont bien mérité de leurs concitoyens, un sentiment d'honneur et de justice m'impose le devoir de signaler M. Rousset père : chargé à différentes époques de la direction de la police de Lyon, il l'avait abdiquée en 1814, lors de l'arrivée des Bourbons. Dans les cent jours, on ne fit pas un vain appel à son patriotisme, et il déploya sous M. Teste, alors lieutenant-général de police, un dévouement qui lui valut l'estime de ses concitoyens, et la disgrace du gouvernement qui succéda. Il fut rappelé après l'ordonnance du 5 septembre, mais il se retira aussitôt que la velléité libérale un moment manifestée par le gouvernement de Louis XVIII eut fait place au système suivi depuis par Charles X.

Lors de la révolution de juillet, le premier besoin qu'éprouva le maire provisoire nommé par la Commission fut de s'assurer l'appui des talents et de l'expérience de M. Rousset. Celui-ci déclara se dévouer sans condition comme sans réserve à la sûreté de ses compatriotes : et en effet, grâce aux efforts d'un zèle infatigable, qui pendant près de deux mois le fit nuit et jour renoncer au repos, il parvint à maintenir l'ordre et la tranquillité dans la seconde ville du royaume. Des contrariétés, des dégoûts de plus d'un genre, et le dérangement grave de sa santé l'obligèrent depuis à donner sa démission; et c'est avec surprise et douleur qu'on a vu nommer son successeur, *en remplacement*, est-il dit dans le Moniteur, *de M. Rousset qui a abandonné ses fonctions!* Ce blâme ne peut être attribué qu'à une méprise involontaire de l'autorité ; car M. Rousset méritait une autre récompense de ses services et de son dévouement.

Il y aurait bien d'autres noms à citer, s'il était possible de rappeler tous ceux qui ont mérité une place dans cette relation ; car, il faut le répéter, la révolution de 1830 n'a pas été l'ouvrage de quelques hommes qui par circonstance ou par position se seraient trouvés plus ou moins en évidence : elle est le résultat des efforts actifs et simultanés de la presque totalité de la population. Combien de citoyens modestes ont, par leur énergie ou leur prudence et sans même espérer la récompense de la publicité, aplani les voies que d'autres ont parcourues sans obstacle, en croyant devoir leur succès à leur seule habileté ? Loin de moi la pensée de critiquer la conduite de ces derniers ! ils ont agi consciencieusement, et sous ce rapport au moins ils ont des droits à l'estime de ceux mêmes qui auraient pu désapprouver leurs actes.

Mais la justice est le patrimoine de tous, et aujourd'hui que le triomphe a couronné nos efforts, aujourd'hui *que nous possédons sous un bon roi la meilleure des républiques*, n'est-ce pas le devoir de tout écrivain d'attribuer à chacun la part d'honneur qu'il a méritée pendant la lutte ? Pour moi, après avoir recueilli de nombreuses informations et coordonné mes souvenirs, je me suis efforcé, par cette relation exacte et consciencieuse, de sauver de l'oubli et les actes et les noms qui m'ont paru dignes d'être signalés à la reconnaissance publique.

FIN.

IMPRIMERIE ANDRÉ IDT, RUE ST-DOMINIQUE, LYON.

www.ingramcontent.com/pod-product-compliance
Lightning Source LLC
Chambersburg PA
CBHW070527100426
42743CB00010B/1987